55
60
Asc
Meschhed
35
Asterabad
Miandescht
Sabsewar
ches
Meer
Elburs
El
Kewir
Demawend
win
Teheran
Tebbes
S
I
E
N
Naibend
Neh
Isfahan
Sajende-
rud
30
Persepolis
Schiras
Buschehr
Pers.
Golf
50
55

Sven Hedin, am 19. Februar 1865 zu Stockholm geboren, begann schon als Kind, sich wissenschaftlich und künstlerisch zu betätigen. Angeregt durch die großen Entdecker seiner Zeit, studierte er in Uppsala, Stockholm und bei Ferdinand von Richthofen in Berlin Geographie und Geologie. Nach vorbereitenden Reisen in Vorderasien erforschte er den Pamir, die Wüste Gobi und drang mehrere Male in das den Europäern verschlossene Tibet vor. Als er nach einem abenteuerreichen Wanderleben am 26. November 1952 in Stockholm starb, hinterließ er ein gewaltiges wissenschaftliches Werk, ein halbes Hundert unvergeßlicher Bücher, eine Fülle künstlerischer Zeichnungen und zahlreiche Freunde, die ihm sein vorbildlicher Charakter, sein Mut, sein entschiedenes Eintreten für Wahrheit und Recht in aller Welt, nicht zuletzt aber in Deutschland, gewonnen hatte.

Große Gestalten
Wissenschaft · Kunst · Technik · Glauben

Karl F. Kohlenberg:

Sven Hedin
Vorstoß nach Innerasien

engelbert

Fotonachweis: V-Dia Verlag, Heidelberg · Bavaria-Verlag, Gauting · Archiv für Kunst und Geschichte, Berlin · Ullstein, Berlin.

CIP-Kurztitelaufnahme der Deutschen Bibliothek

Kohlenberg, Karl F.

Sven Hedin: Vorstoß nach Innerasien. — 1. Aufl.
— Balve/Sauerland: Engelbert, 1976
(Große Gestalten: Wiss., Kunst, Technik, Glauben)
ISBN 3-536-00428-8

ISBN 3 536 00428 8 · 1. Auflage 1976
Umschlaggestaltung: Herbert Holzing
Kartenskizzen: Uta Kohlenberg

Satz, Druck und Einband:
Grafischer Betrieb Gebr. Zimmermann GmbH, Balve

Inhalt

Am Scheideweg

An einem Herbstmorgen des Jahres 1889 bog ein junger Mann, der nach Kleidung und Aussehen den Ausländer nicht verleugnete, vom Nollendorfplatz kommend, in die Kurfürstenstraße ein. Gab es damals auch noch keine Automobile und Straßenbahnen, so bot Berlin doch mit seinem Menschengetümmel, seinen eleganten Kaufläden, seinen Pferdedroschken und Straßenhändlern schon das Bild einer Weltstadt. Handel und Wandel belebten sich mit jedem Tag mehr. Kaiser Wilhelm II., der im Jahre zuvor den Thron bestiegen hatte, förderte Künste, Wissenschaften, Handel und Industrie nach Kräften. Und der Glanz und die Macht des aufstrebenden Deutschen Reiches, dessen Ruhm sich bis in fernste Erdgegenden auszubreiten begann, prägten vor allem das Gesicht der Hauptstadt. Für einen kurzen Augenblick der Weltgeschichte war Berlin tatsächlich Mittelpunkt der Welt.

Vor einem vornehmen Hause, das die Nummer 117 trug, blieb der Fremde stehen. Sein scharfgeschnittenes, von der Sonne des Morgenlandes dunkel getöntes Gesicht mit der adlerhaft gebogenen Nase unter der hohen Stirn und dem festen Kinn spiegelte wechselnde Empfindungen wider — Unschlüssigkeit, Besorgnis, hoffnungsvolle Erwartung. Er zögerte kurz, dann stieg er entschlossen drei breite, mit Läufern belegte Treppen hinan. FERDINAND VON RICHTHOFEN stand in Goldbuchstaben an der reichgeschnitzten Eichentür.

Professor von Richthofen galt als der bedeutendste Geograph und Geologe seiner an großen Wissenschaftlern so reichen Zeit. Am 5. Mai 1833 in Carlsruhe, Oberschlesien, geboren, hatte er ausgedehnte Reisen in Vorderindien, Insulinde und Nordamerika unternommen, vier Jahre lang das Reich der Mitte durchforscht und die Ergebnisse seiner rastlosen Tätigkeit in einem Werk veröffentlicht, das den Grund legte nicht nur für die Kenntnis von China, sondern von ganz Asien und ihn in den Augen der Gelehrten aller Nationen zum „großen Meister der physischen Erdkunde" erhob. Zunächst Professor in Bonn, danach in Leipzig, übernahm er 1886 den bedeutendsten deutschen Lehrstuhl für Erdkunde an der Friedrich-Wilhelm-Universität zu Berlin, wo nun wissensdurstige Jugend aus vielen Kulturländern zu seinen Hörern zählte.

Ein Diener führte den Besucher in das geräumige Arbeitszimmer. „Ein stattlicher, kräftiger Herr in gerader Haltung trat ein, ernst, sein Blick forschend und durchdringend. Man sah, daß sich viel Wissen und unergründliche Visionen von der Geschichte der Erde hinter seiner hochgewölbten Stirn bargen. Er trug einen starken Schnurrbart und einen dichten, kurzgeschnittenen Vollbart. Verbindlich lächelnd reichte er dem Jüngeren die Hand und bat ihn, Platz zu nehmen. ‚Ich sehe, Sie sind Schwede, Herr Hedin. Was wünschen Sie?'

‚Es ist mein Wunsch, Ihre Vorlesungen zu besuchen, Herr Professor, um von Ihnen in die großen asiatischen Probleme eingeführt zu werden. Bis jetzt habe ich nur einen Kurierritt durch Persien und eine Reise durch Mesopotamien gemacht, aber ich will mich für Innerasien und Tibet vorbereiten. Bei Brögger habe ich zwei Jahre studiert und Exkursionen in Norwegen mit ihm unternommen. Er sendet Ihnen diesen Brief, und ich habe auch eine Karte von Nordenskiöld (2).'"

Nicht so sehr das ausführliche Schreiben des norwegischen Geologen und Mineralogen Waldemar Brögger, der zu jener Zeit einen Lehrstuhl in Stockholm innehatte und als hervorragender Fachwissenschaftler weit über die Grenzen seines Landes hinaus bekannt war, noch die kurze, aber gewichtige Empfehlung des berühmten schwedischen Polarforschers Adolf Erik von Nordenskiöld waren es, die von Richthofens Interesse für den angehenden Forscher erregten, sondern wohl eher die Persönlichkeit Sven Hedins, sein bescheidenes, aber selbstbewußtes Auftreten, der Eindruck von Charakterfestigkeit, Willenskraft und klarem Verstand, den er bei allem jugendlich idealistischen Überschwang eben doch erweckte. Vielleicht blickte der erfahrene Menschenkenner von Richthofen auch tiefer und erkannte in seinem künftigen Schüler eine gleichgestimmte Seele, der alles Halbe, Unreine, Unedle fremd, die weder von Ruhmsucht noch von Erwerbsgier angekränkelt, vielmehr erfüllt war von dem uneigennützigen Verlangen, das Wissen um Erde und Menschheit zu vermehren.

Daß das Wirken dieser beiden hervorragenden Männer in eine Epoche sich übersteigernder und schließlich zur Katastrophe führender kolonialer Expansion fiel, war für Sven Hedin Glück und Unglück zugleich. Die reine Wissenschaft wurde zum Werkzeug imperialer Machtpolitik herabgewürdigt, der Forscher nur deshalb gefördert, weil er Wege suchte und fand zu neuen Rohstoffquellen und Absatzgebieten. Selbst Einfluß zu nehmen auf den Gang der Dinge, war ihm nicht vergönnt. So, wie von Richthofen es wagte, sich im Reichstag unverblümt gegen die höchst fragwürdigen Kolonisierungsmethoden des Dr. Carl Peters bei der Erwerbung Deutsch-Ostafrikas auszusprechen, so trat dann später auch Sven Hedin ohne Rücksicht auf eigene Interessen für das Volk, das er achtete und schätzte, mit dem ganzen Gewicht seines Ansehens ein, Wahrheit und Gerechtigkeit für Deutschland fordernd.

Aus dieser ersten Begegnung erwuchs jedenfalls eine innige Freundschaft, die bis zum Tode von Richthofens am 7. Oktober 1905 ungetrübt fortdauerte und den Vierundzwanzigjährigen auf eine Bahn wies, die er sonst wohl kaum eingeschlagen hätte. Das Staunen vor der Welt war Teil seines Wesens, der brennende Wunsch, zu forschen, zu erkennen, zu gestalten, Träume zur Tat werden zu lassen.

Am 19. Februar 1865 als zweites Kind des Stadtarchitekten Ludwig Hedin und dessen Ehefrau Anna Berlin zu Stockholm geboren, entstammte Sven einer Familie von Bauern, Ärzten, Pastoren und Beamten, in der seit je Künste und Wissenschaften gepflegt worden waren. Wir sehen ihn als

Fünfzehnjährigen in der festlich geschmückten Weihnachtsstube, wie er mit einem Bündel von sechsunddreißig Kartons, jedes Blatt kunstvoll bemalt, in den Kreis seiner Lieben tritt und die von ihm erdichteten schrecklichen Abenteuer und Prüfungen seines Helden Arab-el-Cid in wohlgesetzten Versen vorträgt. Nicht nur in den Zeichnungen, auch mit Worten und Gesten läßt er vor dem erstaunten Publikum die märchenhafte Stimmung des Morgenlandes erstehen — unendliche Wüsten, von Palmen beschattete Oasen im Sonnenglanz, wilde Krieger auf weißen Rossen oder stolz einherschreitenden Kamelen, Kampf und Tod, mühevolles Wandern, Liebe, Haß, Freude und Trauer, die Tragik eines voll ausgekosteten Lebens ... Ein Dichter? Ein Maler? Er zeichnet Hundeschlitten, die über grenzenlose Eisflächen jagen, zertrümmerte Schiffe. Voller Geheimnis, furchterregend und lockend zugleich ist ihm die Ferne. Ein Abenteurer? Er liest mit heißen Wangen die phantastischen Märchenbücher F. W. Scholanders, liest Jules Verne, Dickens, Cooper, bannt mit dem Zeichenstift aufs Papier, was seine Phantasie ihm vorspiegelt (1), zum Beispiel einen Kampf mit Haien auf dem Meeresgrund. Ein Träumer? Er entwirft ja aber auch überaus genaue Karten von Frankreich, Italien, Spanien, schafft als Sechzehnjähriger innerhalb zweier Jahre einen Weltatlas von sechs dikken Bänden, in dem das Schulwissen jener Zeit nahezu lückenlos enthalten ist — eine gigantische Leistung, die den künftigen Wissenschaftler ahnen läßt.

Als Nordenskiöld am 24. April 1880 mit seiner VEGA unter dem Jubel einer freudig erregten Volksmenge in den Stockholms Ström einlief und vor dem Schloß zu Anker ging, nachdem er auf seiner bahnbrechenden Reise die nordöstliche Durchfahrt gefunden, war Sven Hedin „wie verzaubert, wie betäubt angesichts einer unfaßbar großen Leistung, einer Tat, die durch den Willen, die Arbeit und Energie eines einzigen Mannes vollbracht war. Und eigentlich hatte er doch nur eine Reise auf dieser Erde unternommen, deren Meere und Länder für alle offen daliegen und zu deren unbekannten Gegenden sich ein jeder begeben kann — wenn er nur will. Seit ich angefangen hatte", bekannte Hedin später, „neben den Schulbüchern auch andere Bücher zu lesen, hatte ich voll Entzücken viele Abenteuerbücher verschlungen, war allmählich aber doch kritisch geworden und verlangte nach Wirklichkeit statt nach Phantasie; da wurden Stanley und Livingstone meine Helden. Und jetzt hatte Nordenskiöld meiner Sehnsucht eine neue Welt geöffnet (2)."

Von nun an las er alles, was bisher über Reisen in die Polargegenden geschrieben worden und ihm erreichbar war, zeichnete Karten jener Gebiete und wünschte nichts sehnlicher, als mit dem weltberühmten Polarforscher bekannt zu werden. Dieser Wunsch erfüllte sich ihm vier Jahre später. Da wurde dem russischen Asienforscher General Nikolei Michailowitsch Prschewalskij, wie schon Henry M. Stanley im Jahre zuvor, die Vega-Medaille verliehen, und Dr. Carl Nyström, ein Teilnehmer der Sofia-

Expedition von 1868, hielt den Festvortrag über die Reisen des großen Russen. Eine Karte war hierfür erforderlich; und der kaum neunzehnjährige Sven, von dem man wußte, daß er darin geübt war, wurde beauftragt, sie anzufertigen. Als der Vortragende geendet, erkundigte Nordenskiöld sich nach dem Zeichner der Karte, drückte dem jungen Sven Hedin die Hand und gab ihm, als er sich im Jahre danach zu seiner ersten Orientreise aufmachte, ein Empfehlungsschreiben an Dr. Bertrand Hybennet, den Zahnarzt des Schahs von Persien, mit.

Aber — wie kam es zu dieser Reise, da doch Hedins ganzes Sinnen und Trachten den Polarregionen galt? Kurz vor dem Abitur, im Frühjahr 1885, ließ ihn der Rektor der Beskow-Schule zu sich rufen und fragte: „Hedin, wollen Sie nach Baku am Kaspischen Meer? (2)" Alle Träume vom Polarmeer waren im Nu vergessen. „Ja, gerne!" rief Sven, die Gelegenheit beim Schopfe packend, ohne noch Näheres zu wissen. Es verhielt sich aber so: Der Vater eines jüngeren Mitschülers, ein Ingenieur bei den Ölquellen der Firma Nobel in Balachany bei Baku, wollte seinen Sohn während des Winters bei sich haben und suchte nun einen Hauslehrer für diese Zeit, damit der Junge kein Schuljahr versäume. Sogleich versenkte Hedin sich in die verfügbare Literatur über Asien. Nach einem Besuch bei den Brüdern Ludwig und Robert Nobel, die einiges Interesse für die Absichten des jungen Studenten bekundeten, ging er am 15. August mit seinem Zögling Erhard Sandgren, dessen Mutter und dem kleinen Bruder Ali an Bord des nach St. Petersburg bestimmten Dampfers ULEABORG. Von dort führte der Weg per Bahn über Moskau, Rjäsan, Rostow nach Wladikawkas und weiter in der Tarantas, dem russischen Steppenwagen, auf der 200 Kilometer langen Grusinischen Heerstraße nach Tiflis, von wo es eine Zugverbindung nach Baku gab. Eine Droschke brachte die Reisenden von dort nach dem Tatarendorf Balachany, wo sie vom Bohrmeister Johan Sandgren und von dem Geologen Dr. Hjalmar Sjögren mit einem großartigen Festschmaus empfangen wurden.

Wie durch Zauberhand sah sich Hedin in eine neue, überaus fremdartige Welt versetzt. Ob es ihm zu Bewußtsein kam, daß hiermit eine Entscheidung über sein ganzes weiteres Leben gefallen war? Staunend, zutiefst erregt, stand er auf der Schwelle zu einem weiten, wilden, wissenschaftlich unerschlossenen Kontinent. Geheimnisvolle Fernen taten sich vor ihm auf. Und schon wurde er mit den schicksalsträchtigen Problemen unserer Zeit konfrontiert — der tiefen Kluft zwischen dem Dasein der Naturvölker und der technischen Zivilisation, die ihm gerade hier in Baku deutlich vor Augen traten.

Die Brüder Nobel besaßen 75 Ölquellen, von denen 42 ausgebeutet und von schwedischen Ingenieuren und Arbeitern betrieben wurden, weil die Russen und Tataren technisch nicht hinreichend ausgebildet waren. Dies wie auch der Umstand, daß Ludwig Nobel vorbildlich für seine Werkleute und Ingenieure sorgte, letztere sogar am Gewinn des Unternehmens beteiligte, was damals ganz unerhört war, brachte seine russischen Konkurrenten gegen ihn auf und veranlaßte die russische Presse zu erbitterten Angriffen, die später böse Folgen hatten.

Acht Monate sollte sich Sven Hedin in Balachany aufhalten. Es mag ihm nicht leichtgefallen sein, die Fülle der Eindrücke, die sich ihm hier aufdrängten, zu bewältigen. Mehr und mehr vernachlässigte er seine Pflichten als Hauslehrer, griff zum Zeichenstift, bannte Landschaften, Städte, Bauwerke und Menschen — vor allem Menschen — auf das Papier und unternahm immer weitere Ausritte nach den kahlen Dörfern der Tataren (1). Es stand für ihn fest, daß er nach Ablauf seiner Dienstzeit nicht sogleich heimkehren, sondern nach Persien und Mesopotamien weiterreisen würde. Aber — wie? Woher die Mittel nehmen? Das zu erwartende Gehalt von 300 Rubeln reichte bei weitem nicht hin, um die Reisekosten zu decken. Und wieder einmal schien ihm das Glück zu lächeln.

Ludwig Nobel kam auf Besuch zu den Sandgrens. Unter anderem erkundigte er sich auch nach dem Befinden und den Erlebnissen des Studenten und lud ihn zu einer Fahrt durch das Naphtagelände ein. Hedin sprach ihm von seinen Plänen, von der beabsichtigten Reise nach Persien, schilderte begeistert „den Ritt über den Elburs, die Moscheen in Isfahan, das Grab des Cyrus, die Propyläen von Persepolis und die Säulen des Xerxes, die Pilgerstraße nach Kerbela, die Ruinen von Seleukia, die Gewölbehallen in Ktesiphon am Tigris und schließlich Bagdad mit seinen Ruinen aus den Tagen Harun al-Raschids und Tausendundeiner Nacht (2)".

Alle seine Träume breitete er vor dem reichen Industriemagnaten aus. Wie sie sich verwirklichen ließen, sagte er jedoch nicht — aus Schüchternheit? Nein, aus Stolz! Er brachte es einfach nicht über sich, Nobel um einen Zuschuß für seine Reisekasse zu bitten. Insgeheim hoffte er sehnlichst, dieser werde ihm von sich aus unter die Arme greifen. Ludwig Nobel hörte ihm aufmerksam, aber schweigend zu, stellte sich, als verstünde er nicht, war er doch selbst durch eine überaus harte Schule gegangen und wußte, daß nichts von Wert ist, was nicht unter bitterharten Mühen errungen wurde. Vielleicht sah er, der erfahrene Menschenkenner, voraus, welches Lebensschicksal dem jungen Mann an seiner Seite beschieden war, und dachte, daß man sich frühzeitig gegen alle Widrigkeiten bewähren lernen muß, will man den Lebenskampf bestehen und seine Ziele erreichen. „Nach Persien fahren und die Altertümer studieren, ist keine Kunst, wenn man die Taschen voll Geld hat. Das kann jeder beliebige abenteuerlustige junge Mann machen. Die Kunst ist, Persien ohne Geld zu erobern, sich durch Entbehrungen und Schwierigkeiten vorwärtszukämpfen, nur auf die eigene Tüchtigkeit zu bauen und Opfer für die Erreichung des Zieles zu bringen (2)." Eine Lehre, die Sven Hedin zeit seines Lebens nicht vergessen sollte. Nobel hatte das Rechte getroffen.

„Und trotzdem — vorwärts!" gelobte sich der angehende Forscher am Abend dieses entscheidenden Tages. „Ich werde ihm zeigen, daß ich Persien auch ohne Geld bezwingen kann!" Und so wurde dieses „trotzdem" von nun an zum Leitstern seines Lebens, befähigte ihn zu Taten, die nicht nachzuvollziehen sind, bestimmte hinfort seine Ansichten und Entschlüsse. In dieser Nacht voller Gedanken und Sorgen erwuchs der Jüngling zu jener einmaligen Persönlichkeit, die alle Hindernisse überwand, schier unglaubliche Taten verrichtete und unerschrocken, unbestechlich das einmal als rechtens und wahr Erkannte verfocht.

Das persische Abenteuer

„Sie haben es also wirklich gewagt, mit nur 300 Rubeln nach Persien vorzudringen?" erkundigte sich Professor von Richthofen, der dem Lebensbericht des jungen Schweden mit großer Aufmerksamkeit gefolgt war. „Ja, hat das Geld denn gereicht?"

„Natürlich nicht!" lachte Sven Hedin. „Sie werden es für Torheit halten, aber Kinder und Narren haben ja nun mal ihre Engel. Ich war so begeistert von allem, was ich bis dahin von Asien gesehen hatte, daß mich nichts von meinen Plänen hätte abbringen können."

Zum unvergeßlichen Erlebnis war ihm die atemberaubende Fahrt auf der Grusinischen Heerstraße geworden — entlang an den Abgründen des Kaukasus in gestrecktem Galopp, um Biegungen so scharf und eng, daß sich einem die Haare sträubten. Und dann das bunte, brausende Leben in Tiflis, der Hauptstadt Kaukasiens — ein Gewimmel von Menschen verschiedenster Herkunft: Russen, Tataren, Armenier, Georgier, Tscherkessen, Perser, Juden und Zigeuner. Straßenhändler, Kamele, Esel, Ziegen in den engen, gekrümmten, zu beiden Seiten des Kura ansteigenden Gassen ... All das ins grelle Licht der Sommersonne getaucht oder in tiefe, geheimnisvolle Schatten. Hier schon hatte Hedin die unwiderstehliche Lockung der Fernen Asiens verspürt, und was er in Balachany erlebte, hatte seine Wünsche zum unwiderruflichen Entschluß reifen lassen. Um andere Völker recht zu verstehen, muß man ihre Sprache kennen. Deshalb hatte er bei einem jungen Tataren — Baki Chanow — Tatarisch und Persisch gelernt, und dieser begleitete ihn, als er am 6. April 1886 von den Sandgrens und den in Baku gewonnenen Freunden schied, um mit dem Raddampfer südwärts über das vom Sturm aufgewühlte Kaspische Meer nach dem persischen Hafen Enseli und von dort im Boot über den großen See Murdab, das „Tote Wasser", zu fahren. In einem Dorf am Seeufer mieteten sie Pferde nach Rescht.

Diese Hauptstadt der persischen Provinz Gilan, in einer sumpfigen, mit Reis und Baumwollstauden bebauten Ebene liegend, deren Dickichte vom Königstiger durchstreift wurden, hatte damals noch ein völlig orientalisches Gepräge mit ihren zahlreichen Moscheen und niedrigen Minaretten, mit ihren von farbenfreudigen Markisen überschatteten Basarstraßen, wo

Händler schreiend mancherlei Waren feilboten und Handwerker unberührt inmitten des Menschengetümmels ihrer Arbeit nachgingen. Hedin und Chanow stiegen in einer der vielen Karawansereien ab, in denen die Kamel- und Eselkarawanen aus Täbris und Schiras, ja selbst aus Kerman und Meschhed, die damals das einzige Transportmittel des Landes darstellten, ein Unterkommen fanden. Von den Treibern vernahm Hedin, was einen Reisenden im Reiche des Schah-in-schah erwartete: Überfälle durch Räuber und Diebe, Wassermangel in den Wüsten, todbringende Schneestürme auf himmelhohen Gebirgspässen ... All das aber schreckte ihn keineswegs ab, sondern bestärkte in ihm nur das Verlangen, so tief wie möglich in die unbekannten Weiten Asiens einzudringen. Sein kleines Kapital von 300 Rubeln hatte er in Kran umgewechselt, kleine Silbermünzen, deren zehn den Wert eines Goldtoman hatten, was nach dem derzeitigen Kurs einem Betrag von etwas mehr als 9 Mark entsprach. Die Barschaft, etwa 500 Mark, wurde zwischen ihm und Baki Chanow geteilt und in Ledergürtel eingenäht, um die Gefahr, beraubt oder bestohlen zu werden, zu vermindern.

Mit so wenig Geld ließen sich keine großen Sprünge machen. Die beiden Reisenden logierten deshalb mit Karawanenführern und Eseltreibern in den landesüblichen Karawansereien, was sie in engste Berührung mit dem Volk brachte, und sie versorgten sich aus den Produkten des Landes. Hühner, Eier, Milch, Weizenbrot, Olivenöl — alles war ungemein billig, ebenso auch die Miete für Reitpferde und Roßbuben. Viel Gepäck führten sie nicht mit sich. Was Hedin besaß, fand in der tatarischen Satteltasche, dem Kurtschin, Platz. Anfangs war der Weg nach Teheran recht angenehm, belebt von langen Kamel- und Maultierzügen, von zahlreichen Wanderern, die einzeln oder in Gruppen nach der Meeresküste zogen oder von dort nach den heiligen Stätten pilgerten, beschattet streckenweise von grünenden Baumwipfeln, die sich in der Schlucht des schnell dahineilenden Sefidrud, des „Weißen Flusses", zu einem Walde zusammendrängten. Je höher man aber an den Hängen des steil aufragenden, mit Eis bedeckten Elburs gelangte, desto mehr lichteten sich die Wälder, um einer mit Moos und Heidekraut bewachsenen, kargen Tundra zu weichen, welche zuletzt in die vom Firnschnee verhüllte Einöde überging. Immer kälter wurde es. Ein heftiger Schneesturm erhob sich; und so kämpften sich Rosse und Reiter wie auch die beiden Burschen, die ihre Tiere zu Fuß begleiteten, gegen den schneidenden Wind durch hohe Schneewehen vorwärts. Auf diesem Paß spürte Hedin einen Vorgeschmack dessen, was er später im innersten Asien oftmals erleben sollte.

Aber auch eine andere nützliche Erfahrung wurde ihm hier zuteil: daß der von Naturkräften bedrohte Mensch keine Unterschiede der Rassen oder Klassen kennt. Zugleich mit einer Karawane langten Hedin und Baki Chanow in dem ärmlichen Gebirgsdorf Mäsräh an, froh genug, in einer schmutzigen Hütte die Wärme des Feuers mit tatarischen und persischen

Eseltreibern teilen zu dürfen. Unmerklich wuchs er so hinein in diese fremdartige, bunte, überaus primitive Lebensform Asiens.

Der Kamm des Elburs wurde überschritten; der Schnee verschwand nach und nach, und ohne Unfall erreichte man Kaswin, die einstige Hauptstadt Persiens, ehedem Dar-es-Saltanet — Sitz des Königtums — genannt, von der Mohammed gesagt haben soll, sie liege auf der Schwelle einer der Pforten des Paradieses. In ihr treffen sich die Wege von Täbris, Teheran, Rescht und Hamadan. Auf einer 150 Kilometer langen, breiten Straße jagten die Reisenden in einem mit drei Pferden bespannten Tarantas nach Teheran, umwölkt vom Staub der weiten, ziemlich kahlen Ebene, in der es nur wenige Dörfer gab. Fünfmal wurden die Tiere gewechselt. Hedin atmete erleichtert auf, als der Wagen nach dieser wilden Jagd zuletzt doch wohlbehalten durch das hochgewölbte Tor der Reichshauptstadt rasselte.

Der schwedische Zahnarzt des Schahs, an den Hedin von Nordenskiöld empfohlen worden war, nahm die ermüdeten Reisenden mit warmer Herzlichkeit in seinem Hause auf, froh genug, sich nach langer Zeit wieder einmal in seiner Muttersprache unterhalten zu können. Einige Wochen verweilte Hedin unter dem gastlichen Dach, teils um Stadt und Bevölkerung gründlich kennenzulernen und sich in der Landessprache zu vervollkommnen, teils aber auch, weil sein treuer Gefährte Baki Chanow an Fieber darniederlag. Dann aber vermochte er, da es mit jedem Tag wärmer wurde, seine Ungeduld nicht länger zu zügeln. Er beschloß, auf eigene Faust weiterzureisen, und zwar mit gemieteten Pferden von einem Tschaparchaneh zum anderen. Diese Unterkunftshäuser lagen zwischen 20 und 30 Kilometer voneinander entfernt; der Preis für die Übernachtung wie für Pferde und Roßbuben, die die Tiere zurückbringen mußten, betrug nur wenige Kran. Und so ritt Hedin eines Morgens allein, aber frohgemut durch das südliche Stadttor hinaus, der unbekannten, lockenden Ferne entgegen. Die Träume seiner Kindheit begannen sich zu erfüllen.

Je mehr er sich Isfahan näherte, der alten berühmten Hauptstadt Schah Abbas des Großen, desto belebter wurde die bisher so öde Landschaft. Felder, Gärten und Dörfer säumten immer dichter die Straße, auf der hoch mit Melonen oder Gemüse beladene Esel, Kamele oder Eselkarren zwischen Bauern, Pilgern und Hirten, umwölkt vom aufwirbelnden gelben Staub, des Weges ziehen. Den Sajenderud, den „Fluß des Lebens", überspannten mehrere vielhundertjährige Brücken. Und auf dem Königsmarkt, dem größten Marktplatz der Welt, scheint sich zu Füßen der mit prächtigen Fayencen geschmückten Königsmoschee das Leben des ganzen Landes zusammenzudrängen. Ein atemberaubender Anblick für den Fremden; Bilder und Szenen wie aus Tausendundeiner Nacht!

Von Isfahan wandte sich Hedin durch die Merdascht-Ebene nach den Ruinen von Persepolis, der einstigen Hauptstadt der achämenidischen Großkönige, die um 331 v. Chr. von Alexander dem Großen im Rausche niedergebrannt worden war. Dies „schönste Denkmal der Vorzeit", wie

Hedin es nennt (18), bot auch jetzt noch einen phantastischen Anblick und lud zu Betrachtungen über die Vergänglichkeit menschlicher Werke ein. Nur die große Plattform war noch vorhanden sowie dreizehn der sechsunddreißig gigantischen Säulen, die ehedem das Dach des Xerxespalastes trugen. Den Roßbuben schickte Hedin mit den Pferden nach der Station zurück und verbrachte den ganzen Tag allein unter den Trümmern.

Schiras, die Stadt des Weines, der Rosen, der Liebe und der Lieder, war sein nächstes Ziel. Hier sangen einst Persiens größte Dichter — Hafis und Saadi — inmitten wild wuchernder Wein- und Blumengärten. Sie ruhen nun in ihren von Zypressen beschatteten Mausoleen aus — unvergessen. Weiter ging es durch die zerklüfteten Berge Farsistans, über Saumpfade und halsbrecherische Pässe, an tiefen Schluchten und Abgründen hin. Mehrere Male entging der Reiter nur mit knapper Not dem tödlichen Sturz. Als er am neunundzwanzigsten Tag seiner Reise das ermattete Pferd durch das Tor der Hafenstadt Buschehr trieb, da hatte er 1.600 Kilometer mitten durch Persien zurückgelegt.

Buschehr indes gefiel ihm nicht; für ihn war es „die schrecklichste Stadt, die ich in Asien besucht habe". Kaum eine Spur von Grün zwischen kahlen, weißen, zumeist zweistöckigen Häusern. Die Gassen eng, gleich gewundenen Schluchten, der nahezu unerträglichen Sonnenglut wegen, die nicht der leiseste Hauch von der ölglatten, dunstenden Wasserfläche des Persischen Meerbusens her belebt. Die Nächte mußte man unter Moskitonetzen auf dem flachen Dach verbringen, aber schon vor Sonnenaufgang im Inneren des Hauses Schutz vor der Hitze suchen. Hedin war deshalb von Herzen froh, als endlich der englische Dampfer ASSYRIA, von Bombay nach Basra bestimmt, in Sicht kam und weit draußen, des untiefen Wassers wegen drei Seemeilen vom Strande entfernt, zu Anker ging.

Mittlerweile war Hedins Reisekasse mächtig zusammengeschrumpft, so daß er sich nur noch einen billigen Decksplatz unter freiem Himmel zu leisten vermochte. Gelassen richtete er sich inmitten der nicht mit Glücksgütern gesegneten indischen, persischen und arabischen Reisenden ein, die in drangvoller Enge das Oberdeck bevölkerten, und er hatte es nicht zu bereuen, denn nicht nur war es hier kühler als im Inneren des Schiffes, der sengenden Sonne zum Trotz, er hörte und sah auch vieles, was dem begüterten Passagier entgeht; sein Skizzenbuch füllte sich mit Gesichtern, Szenen, Landschaften, und die Zeit verging ihm wie im Fluge, bis das Schiff zwischen gefährlichen Untiefen in die breite Mündung des Schatt-el-Arab einsteuerte, vorüber an den Palmenhainen, weißen Hütten, schwarzen Nomadenzelten der Ufer langsam stromauf dampfte und dann im Angesicht Basras Anker fallen ließ.

Auf dem Dampfer MEDSCHIDIEH, dessen einziger europäischer Passagier er war, setzte Hedin die Fahrt nach Bagdad fort. Bei Kornah, wo Euphrat und Tigris zusammenfließen, soll nach Meinung der Araber das Paradies gelegen haben. Nicht müde wurde Hedin, die wechselnden bunten Bilder orientalischen Lebens zu betrachten und mit dem Stift festzuhalten. Ein Heuschreckenschwarm, der den Himmel plötzlich verdunkelte, überfiel das Schiff. Büffelherden überquerten schwimmend den Strom. Am meisten aber hätten ihn die Ruinen von Ktesiphon, der Residenz der Partherkönige und Sassaniden, in der noch einige prächtige Paläste erhalten geblieben sein sollten, interessiert. Seine dahinschwindenden Mittel erlaubten es ihm jedoch nicht, den schon bezahlten Schiffsplatz aufzugeben. Glücklicherweise wußte der Kapitän des MEDSCHIDIEH Rat. Die Ruinen liegen auf einer Halbinsel, die zu umrunden der Dampfer mehr als drei Stunden benötigt; zu Fuß hingegen läßt sich die Halbinsel in einer halben Stunde überqueren. Hedin wurde also unterhalb der Flußkrümmung an Land gesetzt, besuchte die Trümmer der alten Stadt, fand sogar noch zum Zeichnen Zeit und ging dann an der anderen Seite wieder an Bord.

Am vierten Tage der Stromreise wurde Bagdad erreicht, die sagenumwobene Stadt Harun al Raschids. Eine Enttäuschung für die von romantischen Träumen erhitzte Phantasie, denn nicht viel war geblieben von ihrem einstigen Glanz — das Grab der Sobeide, das Minarett Sok-el-Gasel, ein Stadttor, eine Karawanserei ... Einförmig breitet sich das Meer flacher Dächer aus, da und dort überragt von der glitzernden Kuppel einer Moschee, einem als gelber Finger mahnend gen Himmel weisenden Minarett und von den verstaubten Wipfeln einiger Palmen. Doch in den engen, verschatteten Gassen drängen sich Menschen aus allen Ländern des Orients, arbeiten Sattler, Silber- und Kupferschmiede, bieten Händler kostbare Teppiche, Brokat- und Seidenstoffe aus Indien, ja selbst aus China zum Kauf, wölkt der Rauch aus Bratöfen und Röstpfannen unter den farbenfrohen Sonnendächern hin. Das Knarren der von Kamelen oder Pferden bewegten Schöpfräder durchdringt den Stimmenlärm, das Klirren der Hämmer, das Schlürfen unzähliger Füße. Schwer beladene Esel drängen sich durch das Gewimmel, hochmütig einherschreitende Kamele. Und von irgendwoher aus der Höhe ruft die Stimme des Muezzin die Gläubigen zum Gebet.

Hedin fand bei dem gastfreien englischen Kaufmann Hilpern ein gutes Quartier. Ein Glück für ihn, betrug doch seine Barschaft nur mehr 150 Kran, und noch lag der lange Heimweg vor ihm. Hilpern zeigte sich nicht wenig bestürzt, als er vernahm, daß sein junger Gast mutterseelenallein durch das wilde Luristan und Kurdistan nach Teheran reiten wollte. Aber was blieb Hedin anderes übrig? Der Mietpreis für ein Pferd betrug bis Kirmanschah 50 Kran. Er schloß sich einer Karawane an, die am 6. Juni Bagdad verließ und nur des Nachts reiste, um der verzehrenden Sonnenglut zu entgehen. Und wieder war da die endlose Straße zwischen kahlen Bergen, das eintönige Klingeln der Glöckchen am Hals der Lasttiere, das Mahlen der Hufe im Staub und ringsum die schweigende Einöde, dunkel, drohend, voller Geheimnisse.

„Die Stimmung der Wüste packt den Wanderer mit unwiderstehlicher Gewalt. Die langsamen, schweren, abgemessenen Schritte der Kamele passen dazu, und der Takt wird vom Klang der kupfernen Glöckchen angegeben, die ein paar von ihnen um den Hals hängen haben. In der Wüste herrscht immer Sabbat. Alltagsstimmung ist auf dem Marsch der Karawane in ein ungewisses Schicksal ein völlig fremdes Gefühl. Vielleicht sieht man Untergang und Vernichtung entgegen, und der Zug in den Tod ist immer feierlich. Immer deutlicher vernimmt man die lockende Musik der Wüstengeister, die Marco Polo besingt. Der alte Venetianer hat die geheimnisvolle Wüstenstimmung gut getroffen. „Je weiter man sich von der letzten Weide und dem letzten Wasser entfernt, desto mächtiger wird der verführerische Zauber. Man hört Geisterstimmen und erwartet jeden Augenblick, daß sich etwas Außerordentliches ereignet . . . (1)"

Gegen Abend des zweiten Reisetages stieß ein graubärtiger Araber auf einem prachtvollen Vollblutpferd zur Karawane. Das Tier erregte Hedins Bewunderung. Dreihundert Kilometer bis Kirmanschah, überlegte er, und noch dazu den ganzen Weg bei Nacht? Nein! Den Araber beiseite nehmend, fragte er ihn, was er fordere, wenn sie die Karawane verlassen und allein miteinander nach Kirmanschah reiten würden. Fünfundzwanzig Kran für den Tag, erwiderte der Araber, denn immerhin bestünde die Gefahr, von Wegelagerern ausgeraubt zu werden; trotzdem sei der Preis nicht zu hoch, weil man die Stadt in vier Tagen erreichen werde, während die Karawane deren neun benötige.

Vier Tage — das waren 100 Kran. Alles, was Hedin besaß. Was werden sollte, wenn der letzte Silberling aus seinem Gürtel verschwunden war, das kümmerte ihn im Augenblick nicht. Die zornigen oder besorgten Einwände seiner bisherigen Gefährten in den Wind schlagend, machte er sich in den dunklen Stunden der folgenden Nacht mit dem Araber heimlich davon und erreichte am 12. Juni, nach scharfem Ritt und ohne von Räubern belästigt worden zu sein, die alte Handelsstadt.

Was nun? Der Alte bettelte um ein Bakschisch, wie es hier Brauch ist. Und als Hedin ihm seine letzten Silberlinge gegeben hatte, stand er ohne alle Mittel da, der einzige Europäer in dieser fremden morgenländischen Welt. Entsann er sich Ludwig Nobels und der Lehre, die ihm der menschenkundige Millionär durch sein Schweigen erteilt? In dieser ausweglos erscheinenden Lage fiel ihm ein, daß er in Buschehr von einem reichen arabischen Kaufmann Kirmanschahs hatte reden hören, der unter anderem auch Agent des Britischen Reiches für Westpersien war. Konnte oder wollte dieser Aga Mohammed Hassan einem nicht behilflich sein, so mußte man eben als Treiber Dienst bei einer Karawane nehmen.

Wenig später stand er vor dem schönen palastartigen Hause des Kaufherren und wurde von Aga Hassan überaus freundlich empfangen. Aufmerksam und verständnisvoll hörte der alte, würdige Herr den Bericht des jungen Fremden an, lud ihn ein, sein Gast zu sein, solange es ihm beliebe, und stellte ihm ein bequemes, im Garten gelegenes Haus zur Verfügung sowie auch Diener, die ihn mit allem Notwendigen versorgten. Nur von Geld war mit keinem Wort die Rede. Zuletzt, als dieser Zustand unhaltbar zu werden begann, faßte Hedin sich ein Herz und gestand, nicht einen Pfennig mehr nenne er sein eigen. Aga Hassan lachte. Auf Treu und Glauben ließ er seinem Gast eine größere Summe auszahlen. Damit war der Heimweg gesichert.

Am 16. Juni gegen Mitternacht verließ Hedin mit dem Postreiter Ali Akbar das gastliche Kirmanschah. Ein nahezu pausenloser Parforceritt, nur unterbrochen durch hastige Mahlzeiten in den Raststätten und einen Aufenthalt von vierundzwanzig Stunden in Hamadan, brachte ihn nach Teheran. In den ersten sechzehn Stunden wurden 160 Kilometer zurückgelegt. Aber Hedin hätte nicht der sein müssen, der er war, hätte er den Ruhetag in Hamadan nicht dazu benutzt, das Grab Esthers und die Ruinen von Ekbatana, der uralten Hauptstadt Mediens, aufzusuchen. In der Frühe des 21. Juni ritten er und Ali Akbar auf stolpernden Pferden in Teheran ein, nachdem sie fünfundfünfzig Stunden im Sattel gesessen hatten, ohne ein Auge zuzutun.

„Ich hatte 3.000 Kilometer zurückgelegt, durch Wüsten, über verschneite Berge, Meer und Flüsse, ganz allein. Ich hatte sechzig Pferde auf gefährlichen Wegen geritten, oft im wildesten Galopp, ohne Schaden zu nehmen, durch Gegenden Nordarabiens, wo Beduinen umherschweifen, ohne ausgeplündert zu werden, durch heiße, ungesunde, von der Pest heimgesuchte Regionen, ohne krank zu werden, in der heftigsten Sonnenglut, ohne Sonnenstich zu bekommen, in kohlschwarzer Nacht, und oft auf dem Pferderücken eingeschlafen, ohne hinunterzufallen und mir das Genick zu brechen; ich habe reißende Flüsse durchquert, ohne daß das Pferd den Boden unter den Füßen verlor, von der Strömung mitgerissen wurde und ertrank; ich war dem Mißgeschick entgangen, auch nur ein Pferd zuschanden zu reiten und dadurch in Geldungelegenheiten zu geraten; ich habe mich mit Arabern und türkischen Soldaten geschlagen und bin mit heiler Haut davongekommen, ohne den Revolver ziehen zu müssen. Dr. Hybennet kam mir selbst an der Haustür entgegen, hocherfreut, daß ich glücklich zurück war. Er meinte, ich sei sehr abgemagert (38)."

Der Abschied von Persien fiel Hedin nicht leicht. Von seinen Freunden mit den nötigen Mitteln versehen, reiste er über Baku und Batum am Schwarzen Meer, Konstantinopel, Budapest, wo er den berühmten Sprachforscher und Orientreisenden Professor Armin Vámbéry aufsuchte, nach Stockholm zurück. Hier traf er am 18. September 1886 wohlbehalten ein, von seiner Familie freudig begrüßt.

„Na, da haben Sie ja einiges erlebt", sagte Professor von Richthofen, als Sven Hedin seinen Bericht geendet hatte. Der erfahrene Asienreisende wußte ja nur zu gut, welche Sorgen, Mühen und Entbehrungen sich hinter den schlichten Worten verbargen. Kein Zweifel, dieser junge Schwede hatte eine große Zukunft vor sich; vielleicht war er der Mann, sein eigenes Lebenswerk, die Erforschung Asiens, fortzuführen und zu vollenden? Es brauchte nicht die empfehlenden Zeilen Professor Bröggers, noch das Ergebnis der geologischen, zoologischen und sprachlichen Studien in Stockholm und Uppsala, wo Hedin im Herbst des Vorjahres sein Kandidatenexamen abgelegt hatte, noch den Erfolg seines Persienbuches, zu dem Professor Vámbéry im Vorwort schrieb: „Die Illustrationen gehören zu den schönsten und besten, die bisher über Persien veröffentlicht worden sind (18)", um den Professor in der gleich zu Anbeginn gefaßten Meinung zu bestärken. Ohne Umstände wurde Hedin daher in den Kreis der Richthofenschüler aufgenommen, aus dem so viele tüchtige Geographen der verschiedensten Richtungen hervorgegangen sind.

Ein Blick ins Gelobte Land

Eine Herausforderung für den Geographen, für die gebildeten Europäer Rätsel und Traum, das war das unbekannte Innere Asiens zu jener Zeit. Vor allem ein Wort vermochte die Gemüter zu erregen — Tibet! Als Märchenland lebte es in der Vorstellung, umschlossen von himmelhohen Gebirgen, die nur selten eines Abendländers Fuß betreten hatte. Man wußte von Lhasa, wo ein geheimnisvoller Priesterfürst, der Dalai-Lama, die Geschicke eines merkwürdigen Volkes lenkte, das von manchen für das älteste der Erde gehalten wurde. Man hatte den erregenden Reisebericht des französischen Lazaristenpaters Régis Évariste Huc gelesen, der mit seinem Glaubensbruder Joseph Gabet im Jahre 1844 von China durch die Mongolei nach Tibet gewandert war. Auch andere Missionare hatten jene Gegenden besucht, hatten dies und jenes darüber erzählt, aber von einer wissenschaftlichen Erschließung konnte da keine Rede sein. Im politischen Kräftespiel zwischen England, Rußland und China stellte Innerasien sozusagen den Apfel des Paris dar. Jede der beteiligten Nationen hatte ein lebenswichtiges Interesse daran, diese Länder auf ihren wirtschaftlichen Nutzen hin zu untersuchen und unter ihren Einfluß zu bringen sowie sämtliche Konkurrenten von ihnen fernzuhalten. Schon Abbé Huc hatte Lhasa auf Veranlassung des dortigen chinesischen Statthalters gegen seinen und der Tibeter Willen verlassen müssen.

Den Wissenschaftler kümmerten die wirtschaftlichen und machtpolitischen Ambitionen der Großmächte weniger; ihn reizten in erster Linie die weißen Flecken auf der Landkarte, die es zu tilgen galt. Und so begann sich für Sven Hedin während der drei Jahre seines Studiums in von Richthofens berühmtem „Colloquium" das Forschungsziel immer deutlicher abzuzeichnen: Innerasien, Tarimbecken, Tibet! Seine Übersetzung von Prschewalskijs Reisen, eingeleitet von Nordenskiöld (19), erscheint. Er trifft mit bedeutenden Gelehrten und Forschern zusammen, mit dem Geophysiker Erich von Drygalski, mit Virchow, mit Brugsch-Pascha, wie es denn überhaupt ein bestimmender, später oftmals verdächtigter und mißdeuteter Zug seines Wesens war, daß er sich, selbst bescheiden und anspruchslos, an hervorragende Persönlichkeiten zu halten pflegte und sich manche unter ihnen zum Vorbild nahm. Unentwegt arbeitend, lebte er in Berlin sparsam, fast kärglich, auch hier auf den unteren Sprossen der sozialen Leiter ebenso daheim wie auf den oberen. Er lebte für die Zukunft; alles, was er tat, was er erduldete, war allein auf das Werk gerichtet, das er dereinst zu vollbringen hoffte. Aber — würde es ihm gelingen? Sein Augenleiden, das ihn bei der Arbeit sehr behinderte, verschlimmerte sich.

Wiederum kommt ihm das Glück zu Hilfe — wenn es wirklich nur Glück gewesen ist. Der schwedische König Oskar II. entschloß sich, eine Gesandtschaft an den Schah von Persien zu schicken, die unter der Führung des norwegischen Oberhofjägermeisters F. W. Treschow stehen sollte. Es fehlte an einem Dolmetscher. Und nun kam es Sven Hedin zustatten, daß er, seiner Jugend ungeachtet, so vielen einflußreichen Leuten, ja selbst dem König, wohlbekannt war; die Wahl fiel auf ihn.

Am 12. April 1890 geht es im D-Zug, Erster Klasse diesmal, über Berlin, Wien nach Konstantinopel. Auf der Fahrt lernt Hedin den berühmten ungarischen Forschungsreisenden Graf Béla Széchenyi und dessen „unglaublich schöne" Töchter kennen, feiert ein Wiedersehen mit Konstantinopel, wo die Gesandtschaft bei Sultan Abdul Hamid zu Gast ist und Sven Hedin den Medschidije-Orden erhält, was ihm Offiziersrang verleiht. Noch ist er für Ruhm und äußerliche Ehrungen empfänglich, wie sie in späteren Jahren auf ihn förmlich herabregnen sollten, ihm dann aber nur mehr wenig bedeuteten.

Teheran wird auf der ihm bekannten Route erreicht, der diplomatische Auftrag zu allseitiger Zufriedenheit erfüllt. Doch als die Gesandtschaft sich am 3. Juni wieder auf den Heimweg begibt, bleibt Hedin mit seinen Gastgebern Dr. Hybennet und Herrn von Wedell, dem preußischen Instrukteur der persischen Truppen, am Tor Asch Divaneh zurück. Von Richthofens Anregungen folgend, hatte er beschlossen, die Gelegenheit zu nutzen und so weit wie irgend möglich nach Innerasien vorzudringen. Als der Schah ihn nun zu einem Jagdausflug ins Elburs-Gebirge einlud, erstieg er „unter äußerst ungünstigen Umständen" den Gipfel des Demawend, des Geisterberges.

Am 9. Juli, gegen 4 Uhr morgens, brach er mit den zwei Führern Kerbelai Tagi und Ali, die schon oftmals droben gewesen waren, um Schwefel zu sammeln, vom Dörfchen Rahna auf, machte nach steilem, mühevollem Anstieg des Abends an der Schneegrenze in 3.300 Meter Höhe Lager und bewältigte am folgenden Tage den Rest, obwohl er nie zuvor einen höheren Berg bestiegen hatte und die Bergkrankheit ihn durch Ohrensausen,

Herzklopfen und Kopfschmerzen so sehr behinderte, daß er alle zehn Schritte stehenbleiben und sich ausruhen mußte. Manch einer würde das Unternehmen aufgegeben haben — nicht so Hedin! Umkehren? Dem Schah unter die Augen treten und sagen: Ich habe es nicht geschafft? Nein, das kam gar nicht in Frage!

Ein schneidender Wind wehte um die Zinnen des Vulkans, der, bald von Wolken verhüllt, bald aus dem Schneegestöber düster hervortretend, in immer weitere Fernen zu entweichen schien. Mit Hilfe der Führer, die Hedin an ihren Leibriemen durch den Schnee hinaufzogen, erreichte er den 5.670 Meter hohen Gipfel nach zwölfstündigem Mühen dennoch und brachte es, ungeachtet seiner Mattigkeit und der lähmenden Kälte, obendrein fertig, mehrere Skizzen von den benachbarten Bergen zu zeichnen, Schwefelproben zu sammeln und durch die Lücken der Wolkendecke die Ebene von Teheran und in der Ferne das Kaspische Meer zu betrachten. Erst nach Anbruch der Dunkelheit langte man wieder im Ausgangslager an der Schneegrenze an. Eine Kraftprobe, die ihm als Test für künftige Unternehmungen von beträchtlichem Nutzen gewesen ist.

Die eigentliche Reise nach Meschhed, der heiligen Stadt des Imam Risa, begann am 9. September 1890. „Wir haben Kurs nach Osten auf dem uralten Weg der Karawanen und Pilger zu der heiligen Stadt Meschhed. Wie ein helles Band windet er sich auf dem Steppenboden am Fuße der Hügel und am Nordrand der Großen Salzwüste Meile um Meile seinem Ziel entgegen. Jede Tagesreise führt mich tiefer in das Herz Asiens. Ich reite gegen die aufgehende Sonne, und abends zeigt mein länger werdender Schatten immerfort nach Osten, in das Innere des unermeßlichen Kontinents. Tief und feierlich breitet sich das Schweigen um uns. Wir hören nur das Klappern der Pferdehufe auf dem trockenen Boden und zuweilen die Glocken einer Kamelkarawane, der wir begegnen oder die wir überholen (1)."

Die Reiter des Xerxes und Darius, die Krieger des großen Mazedoniers und Harun al Raschids waren ebenso diese Straße gezogen wie die windschnellen Boten Tamerlans. Von Station zu Station wurden oft 60 Kilometer ohne Unterbrechung zurückgelegt. Hedin hatte drei Pferde, eines für sich, eines für den Roßbuben, ein drittes für das Gepäck; sie mußten auf jeder Station gewechselt werden. Auch ritt man zumeist bei Nacht. „Ich wurde von Moskitos aufgefressen, fror in den Nächten, hungerte am Tage, aber es ging mir stets gut; ich schrieb und zeichnete, ja, ich führte eine wissenschaftliche Untersuchung der Salzwüste aus .... (38)"

Eines Nachts, im Dörfchen Chardeh, wo Hedin sein Lager in einem ummauerten Garten aufgeschlagen hatte, erwachte er infolge seltsamer Laute und fand sich allein, denn seine Begleiter waren in den Ort gegangen. Aber die Finsternis um ihn her war voller Leben. Schattenhafte Wesen huschten über die anderthalb Meter hohe Ummauerung, sammelten sich um ihn, drängten näher herzu. Aufspringend, erkannte er in den Eindringlingen ein Rudel Schakale, die bereits seinen ganzen unverpackten Proviant verschlungen hatten; und immer neue kamen aus der nahen Wüste herbei. Der Versuch, durch geschleuderte Äpfel oder mit der Reitpeitsche die Tiere zu vertreiben, blieb ergebnislos. Und so fand der Belagerte erst Ruhe, als der Morgen herandämmerte und die Quälgeister sich über die Mauer empfahlen.

Über Asterabad, wo gerade der Geburtstag des Schahs mit einem prachtvollen Feuerwerk gefeiert wurde, Miandescht, die „Wüstenmitte", eine der größten Karawansereien des Orients, und die „Gemüsestadt" Sabsewar ging es nun durch das Land der gefürchteten Jomudturkmenen. Je näher man der heiligen Stadt kam, desto mehr belebte sich die Straße mit Pilgern, die einzeln oder in langen Zügen den Gräbern Harun al Raschids, Nadir Schahs oder dem Mausoleum des Imam Risa zustrebten. Bisweilen überholte Hedin gemächlich zum dumpfen Klang ihrer Glocken einherschreitende Kamele; sie trugen die Körper Verstorbener, die in der heiligen Erde von Meschhed ihre letzte Ruhestatt finden sollten. Vom Tepisalam, dem „Begrüßungshügel", bot sich ein unvergeßlicher Blick auf die Stadt, die jedes Jahr mehr als hunderttausend Pilger in ihren Mauern sieht und an die zehntausend Tote begräbt. Der heilige Bezirk in ihrer Mitte gilt, durch Ketten abgesperrt, als unantastbare Freistatt für alle Verfolgten.

Im Laufe der Reise hatte Hedin mehrere Artikel für Zeitungen geschrieben, wovon er sich eine Aufbesserung seiner Reisekasse versprach. Allein, das Honorar blieb hinter seinen Erwartungen zurück; auch ließen die Überweisungen auf sich warten, weil die damit betraute Bank in Rußland unbekannt war. Deshalb mußte die Reise abgekürzt werden. Mitte Oktober ritt er von Meschhed durch die Täler und Schluchten des Hesar-mestjid-Gebirges nach Kaaka, einer Station der Transkaspischen Eisenbahn, besuchte Aschabad und Kara-kum, die „Wüste des schwarzen Sandes", das Gebiet der viehzüchtenden Tekketurkmenen, welches damals noch nicht von Rußland annektiert worden war. Die 1.480 Kilometer lange Eisenbahnstrecke nach Samarkand war jedoch schon vor zwei Jahren in Betrieb genommen worden. Hedin benutzte diese Verbindung, die seit alters berühmte Oase Merw, damals ein Grenzort zwischen Turan und Persien, berührend und den Amu-darja auf einer zwei Kilometer langen Holzbrücke überquerend, bis Buchara.

Die ganze Vielfalt orientalischen Lebens drängt sich in Buchara-i-Scherif zusammen. Von griechischen, arabischen, mongolischen Heeren immer wieder erobert und verwüstet, erhob es sich noch stets von neuem gleich dem Phönix aus der Asche. Herrliche Zeugnisse morgenländischer Baukunst — Paläste, Medressen, Hochschulen und Moscheen — sind nur das äußere Bild eines regen geistigen Lebens. Handel und Wandel blühten in den verschatteten Basaren. Nicht satt sehen konnte sich Hedin an den wunderschönen Teppichen, den kunstvollen Silber- und Kupferarbeiten, den bewegten, kontrastreichen Szenen in den engen, malerischen Gassen, die er oftmals, fast immer von einer neugierigen, lärmenden Volksmenge umdrängt, mit dem Zeichenstift festzuhalten trachtete.

Samarkand, sein nächstes Ziel, ehedem die Hauptstadt Timur Lenks, mit ihren großartigen Denkmälern, Moscheen und Medressen aus der Glanzzeit der Timuriden, zeigte ihm ein Janusgesicht. Einstens das „goldene Samarkand" genannt, weil Timur, ihr dritter Eroberer nach Alexander dem Großen und Dschingis Khan, die Stadt mit den in Persien, Hindustan und Mesopotamien zusammengeraubten Schätzen auf das Prächtigste ausausgeschmückt hatte, war ihr wenig von allem Prunk und augenblendender Herrlichkeit geblieben. Reichtum und Macht sind noch niemals von Dauer gewesen. Auf seinem letzten Feldzug gegen Yong Loh, den bedeutendsten Kaiser der Mingdynastie in China, starb Timur zu Otrar, östlich vom Jaxartes, in seinem 69. Lebensjahr. „Wie anders jetzt als damals", schreibt Hedin an seine jüngste Schwester Alma (38), „russische Soldaten, Droschken, Cafés, ein öffentlicher Garten mit Musik — in Timurs Hauptstadt! Man kann nur sagen, daß es ein schauderhafter Widersinn ist. Timur dreht sich sicher in seinem Grabe um, auf dem sich ein dunkelgrüner Nephritmonolith erhebt: Das Herrliche auf Erden, Vergänglichkeit ist sein Los!"

Wieder einmal war es die Knappheit der Mittel, die sein Vorhaben erschwerte, aber keineswegs verhinderte. „Wenn ich meinen Plan jetzt nicht ausführte, würde ich zu Hause nicht Ruhe und Wohlbehagen finden, sondern das Gefühl halbgetaner Arbeit haben. Erst nachdem ich das Werk mit Ehren vollendet habe, werde ich nach Nordwesten steuern (38)." Das ist ganz und gar Sven Hedin. Er hatte sich nun einmal vorgenommen, die Grenze Chinas zu überschreiten, und sich Kaschgar zum Ziel gesetzt. Wie noch stets, fand er auch hier Interesse und Beistand. General Kuropatkin, der eben in Samarkand weilte, stellte ihm sonst nicht zugängliche Generalstabskarten zur Verfügung. Baron Wrewskij, der Generalgouverneur von Taschkent, versah ihn mit einem chinesischen Paß und mit einer Kosakeneskorte zu seinem Schutz. In einer Troika wurden die 300 Kilometer nach Taschkent in nur dreiunddreißig Stunden zurückgelegt, weil auf jeder Station frische Pferde bereitstanden. Im Hause Baron Wrewskijs traf Hedin mit dem soeben von einer Expediton nach Tibet zurückgekehrten Hauptmann Grombtschewskij zusammen, wodurch sein Verlangen, jenes geheimnisvolle Land zu erforschen, neuen Antrieb erhielt.

Eilends wurde die Ausrüstung für die Reise nach Kaschgar beschafft, vor allem warme Kleidung, denn hohe, vereiste Pässe, wie etwa der 3.700 Meter hohe Terek Dawan, waren zu überwinden. Die letzten Vorbereitungen traf Hedin in Osch. Von dort brach er mit drei Dienern und vier Pferden am 1. Dezember auf. Es schneite; das Thermometer zeigte 14,2 Grad Celsius unter Null. Die Nächte wurden in den Auls, den Zeltdörfern der Kirgisen, verbracht. Am fünften Reisetag überschritt man den Terek Dawan, den „Doppelpaß"; und nun senkte sich der Weg, den vermutlich schon Marco Polo gewandert ist, in ein Labyrinth wild zerklüfteter Bergketten, berührte die russische Grenzfestung Irkeschtam, überquerte inmitten der Wälder von Nagerachaldi den schnell dahinbrausenden Kisil-su, und schließlich öffneten sich die Berge gegen Osten dem Blick bis in die unendlichen Wüsten des Tarimbeckens. Hedin stand auf der Schwelle zu jenem Land, dem sein ganzes Sinnen und Trachten während vieler Jahrzehnte gelten sollte. Bitter genug mag es für ihn gewesen sein, daß die Umstände ihm ein unerbittliches „bis hierher und nicht weiter" entgegensetzten.

Im russischen Konsulat, das außerhalb der Stadtmauer in einem der Oasendörfer lag, die mit ihren Palmenhainen und Gärten Kaschgar umsäumen, wurde Hedin vom Generalkonsul Staatsrat Nikolai Feodorowitsch Petrowskij herzlich aufgenommen. Ein älterer stattlicher Mann mit Bart und goldener Brille, grüner Zipfelmütze und langem sartischem Mantel, ist er „ein richtiger Gelehrter, besitzt eine Bibliothek und Instrumente und ist witzig und heiter (38)". Unter den vielen Leuten, mit denen Hedin im gastlichen Konsulat zusammentraf, waren es vor allem der englische Hauptmann Francis Younghusband und dessen Dolmetscher George Macartney, die — wie auch Petrowskij selbst — seine Freunde wurden. Younghusband hatte seine erste große Asienreise gerade beendet — ein vielversprechender Auftakt seiner künftigen Taten, für die er 1904 den Adelstitel erhielt. Damals ahnte Hedin freilich nicht, daß die sich anbahnende vieljährige Freundschaft mit einer bitteren Enttäuschung enden werde.

Zehn Tage hielt sich Hedin in der uralten Handelsstadt auf. Am 24. Dezember ging es heimwärts, und zwar im Eiltempo zu Pferd, im Schlitten und im Wagen. Seine Begleiter waren drei Kosaken der Konsulatswache, die ihre Dienstzeit beendet und nichts anderes im Sinn hatten, als so schnell wie möglich in ihre Dörfer bei Narinsk heimzukehren. Den Heiligen Abend verbrachte man in einer ärmlichen Hütte hoch droben in den verschneiten Bergen. „Das einzige Weihnachtsgeschenk, das es gab, war eine Schachtel Tabak; die Kosaken waren sehr entzückt darüber (38)."

In Kaschgar, wie auch schon früher, hatte Hedin oftmals an Prschewalskij denken müssen, der als erster das Verlangen, die weißen Flecke auf der Asienkarte auszulöschen, in ihm geweckt hatte und seither sein Vorbild gewesen war. „Daher beschloß ich, auf der Heimreise den Weg über den Issik-kul zu nehmen. Es war eine Wallfahrt zu seinem Grabe. Ein einsames Holzkreuz erhob sich über dem Grabhügel, auf dem später ein Felsblock, der einen Adler mit ausgebreiteten Schwingen und ein Porträtmedaillon des Toten trägt, die Erinnerung an Prschewalskij verewigt (19)."

Nach Norden, nach Norden ... Durch Täler und Schluchten, über zugefrorene Flüsse und himmelhohe Pässe. Von Narinsk, wo die Kosaken Abschied nahmen, fuhr Hedin in schellenklingelnden Schlitten am Nordfuß der Alexander-Kette hin nach Auli Ata, dann mit Tarantas weiter nach Taschkent und über Treibeis führende Ströme, deren Überquerung bisweilen, wie am Jisak, zu einem lebensgefährlichen Abenteuer wurde, nach Samarkand. Ein Besuch bei Seid Abdul Ahad, dem Emir von Buchara, setzte den Schlußpunkt unter eine Reise, die zwar nennenswerte wissenschaftliche Ergebnisse nicht gezeitigt hatte, ihm aber dennoch als Vorbereitung auf künftige Forschungen von Nutzen gewesen ist.

Auf dem Dach der Welt

„Es war ein kalter, finsterer Herbstabend, den ich nie vergessen werde. Schwere Regenwolken schwebten über der Stadt Stockholm, deren Laternen und Lichter bald außer Sicht kamen. Mehr als tausend und eine Nacht voll Einsamkeit und Sehnsucht lagen vor mir, und hinter mir lag alles, was mir auf Erden am teuersten war (3)." So erlebte der nun achtundzwanzigjährige Sven Hedin den Start zu seiner seit langem geplanten, wissenschaftlich aufs gründlichste vorbereiteten großen Asienreise am 16. Oktober 1893 zu mitternächtlicher Stunde auf dem Dampfer VON DÖBELN.

Mehr als zwei Jahre intensiven Studiums, neuer Erfahrungen, interessanter Begegnungen und unerwarteter Ehrungen hatten aus ihm einen Mann gemacht, der etwas darzustellen begann in der Welt. Als von Richthofen seine Vorlesungen abschloß, war er nach Halle an der Saale gegangen und hatte dort bei Professor Kirchhoff zum Doktor der — Philosophie promoviert, was seinen geistigen Horizont beträchtlich erweiterte und ihn in seiner Achtung und Zuneigung für die deutsche Kultur bestärkte. Er hatte den berühmten Afrikareisenden Georg Schweinfurth kennengelernt, den Geographen Georg Wegener, den Schweizer Geologen Albert Heim, hatte mit Beifall aufgenommene Vorträge in deutscher und russischer Sprache über seine Reisen in Persien gehalten, war mit der silbernen Medaille der Geographischen Gesellschaft von St. Petersburg ausgezeichnet worden, aber es fehlte auch nicht an Wermutstropfen, die in den Becher seiner Erfolgsfreude fielen.

Da war die noch immer nicht gelöste Geldfrage, die den Aufbruch hinauszögerte. Dreißigtausend Kronen mindestens würde die Reise verschlingen. Brockhaus, den er am 9. August in Leipzig aufgesucht, mochte sich nicht zur Herausgabe seines Persienbuches entschließen; erst dreißig Jahre später sollte es unter dem Titel „An der Schwelle Innerasiens" (20) in Deutschland erscheinen. Als größtes Hemmnis für all seine Zukunftspläne erwies sich jedoch die Augenkrankheit, von der er immer wieder heimgesucht wurde — das Ärgste, was einem Menschen von eiserner Willens- und Arbeitskraft wohl zustoßen mag. Ende April, mitten in den Reisevorbereitungen, mußte er sich operieren lassen. Der Eingriff glückte; aber nun wurde das andere Auge von der Entzündung in Mitleidenschaft gezogen. Hedin war verzweifelt. Doch mit dem ihm eigenen Mut gab er die Hoffnung nicht auf, sein Ziel zu erreichen. Und dies wohl mehr als die Kunst des Arztes führte zur Besserung.

Auch seine Geldsorgen verringerten sich. König Oskar, selbst Wissenschaftler und Autor, stiftete einen ansehnlichen Betrag. Henrick Westin, Oberintendant in Gotenburg, ein enger Freund der Familie, ging sozusagen von Haus zu Haus und sammelte Beiträge. Andere Freunde stifteten Instrumente oder Ausrüstungsgegenstände. Kurz, Hedin war mit dem Nötigsten versehen, als der Dampfer VON DÖBELN den Stockholm Ström verließ. In St. Petersburg, wo er sich vierzehn Tage lang aufhielt, übergaben ihm die Witwe Ludwig Nobels und deren Schwager Karl noch die nicht unbedeutende Summe von 3.500 Rubeln.

Über Orenburg ging es zunächst 2.258 Kilometer mit der Bahn und danach ebenso weit im Tarantas nach Taschkent, wo er des unaufhörlich herabströmenden Regens wegen sieben Wochen als Gast Baron Wrewskijs verweilte, einen Untersuchungsbericht über den Sir-darja für „Petermanns Geographische Mitteilungen" schrieb, seine Ausrüstung vervollständigte und gespannt den aufschlußreichen Berichten des ihm von früher her bekannten Oberst Grombtschewskij lauschte, der gerade aus Tibet zurückgekehrt war. Geschenke für Kirgisen, Mongolen und Chinesen wurden eingekauft — Stoffe, Spieluhren, Kompasse, Fernrohre, Kaleidoskope, Schmucksachen — alles Dinge, die in den Einöden Innerasiens mehr Wert besitzen als Geld.

Am 25. Januar 1894 verließ Hedin gegen drei Uhr morgens das gastliche Taschkent im Wagen und traf nach anstrengender Fahrt auf vereisten Wegen in Margelan, der Hauptstadt von Fergana, ein. Gegen Süden erhoben sich die mächtigen, eisglitzernden Gebirgsketten des Pamir mit den höchsten Bergen der Welt, ein geheimnisvolles, ebenso abweisendes wie verlockendes Land, von dem die Sage geht, dort hätten die ersten Menschen gelebt und die vier Ströme des Paradieses ihre Quellen gehabt. Russen wie Engländer, Afghanen wie Chinesen erhoben Anspruch auf jenes Gebiet, hier und dort kleinere Landstriche annektierend, wenn die Gelegenheit günstig war. Hieraus entstand ein Streit zwischen Rußland und England — die Pamirfrage. Jede der beteiligten Nationen hatte ein Interesse daran, näheres über die noch herrenlosen, unzugänglichen Gegenden zu erfahren. Dies wiederum kam Hedin zugute. Während es nicht an Leuten fehlte, die ihm dringend von seinem Vorhaben abrieten und die Verhältnisse im Pamir mit den düstersten Farben schilderten, taten die russischen Behörden alles Erdenkliche, seine Reise zu fördern. Boten wurden an die Kirgisen entsandt, die den Besuch des Forschers ankündigten, Empfehlungsbriefe an den russischen Kommandanten von Pamirskij Post und den chinesischen Dao Tai von Bulun-kul geschrieben, ein Reitpferd und sieben Packtiere für je 2 Mark pro Tag gemietet, Diener und Pferdeknechte angeworben. Am 22. Februar brach die stattliche Karawane

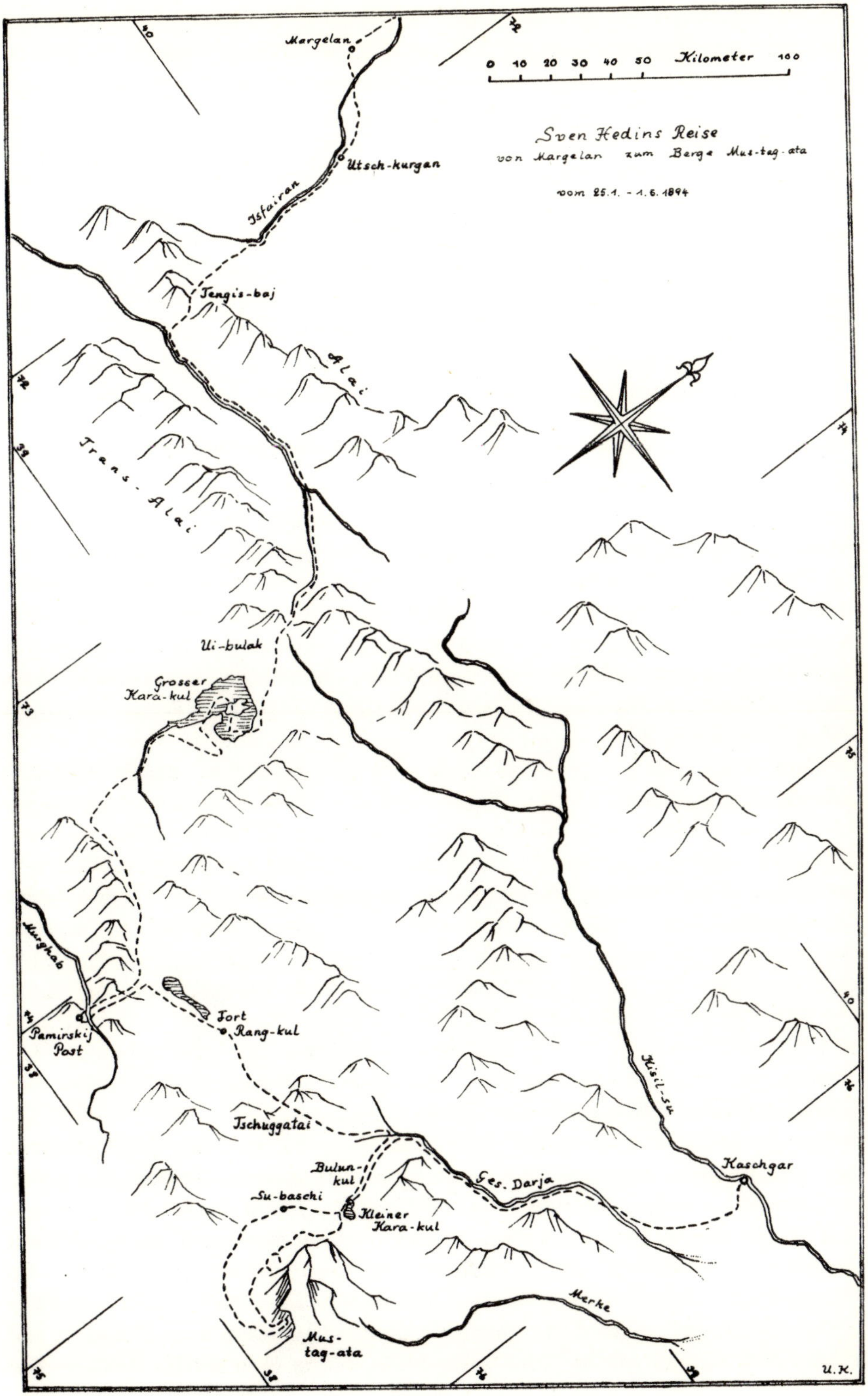

Sven Hedins Reise
von Margelan zum Berge Mus-tag-ata
vom 25.1. - 1.6.1894
0 10 20 30 40 50 Kilometer 100
Margelan
Utsch-kurgan
Isfairan
Tengis-baj
Alai
Trans-Alai
Ui-bulak
Grosser Kara-kul
Murghab
Pamirskij Post
Fort Rang-kul
Tschuggatai
Bulun-kul
Su-baschi
Kleiner Kara-kul
Ges. Darja
Kisil-su
Kaschgar
Merke
Mus-tag-ata
U. K.

auf. Hedin folgte ihr am nächsten Tage nach Utsch-kurgan, von wo der Aufstieg zum Pamirplateau im Tal des Isfairan-Flusses begann.

An schroffen Felswänden und Schuttmassen hin zieht sich der schmale Saumpfad, auf gebrechlichen Holzbrücken enge, tiefe Schluchten überquerend. Nebel wogen um alte, knorrige Wacholderbüsche. Keuchend schleppen die Pferde sich den steilen Weg hinan. Das mit Strohsäcken und Feldbett beladene Tier stolpert, stürzt in den Abgrund, bleibt mit gebrochenem Rückgrat im Geröll des Flusses liegen. Weiter oben bedeckt Eis den Pfad, so daß Stufen gehackt und mit Sand bestreut werden müssen. Manche Stelle läßt sich nur kriechend passieren. „Kurz, es war ein verzweifelter Marsch; dazu war es unheimlich dunkel und kalt ... Über zwölf Stunden waren wir durch den Schnee gewandert, als wir müde, durchfroren und hungrig endlich in Langar anlangten, wo uns zwei schöne Jurten mit flammendem Feuer erwarteten (3)."

Der 3.850 Meter hohe Paß Tengis-bai, einer der fünf wichtigsten Pässe über das Alai-Gebirge, war vereist und nur bei klarem, windstillem Wetter zu begehen. Kirgisen wurden vorausgeschickt, um den Weg für die Karawane zu ebnen. Steil geht es durch das sich verengende Tal hinan, bis der Pfad fast völlig mit den schroffen Hängen verschmilzt. Die Bergkrankheit beginnt sich bemerkbar zu machen. Endlich, nach einer letzten, herzbrechenden Kraftprobe für Mensch und Tier, ist die Paßhöhe erreicht. Ein atemberaubender Ausblick auf die stolzen, in weißen und blauen Farbtönen schimmernden, von Wolken umwogten Gipfel des Transalai öffnet sich gegen Süden hin.

Viele Tage und manch eine Nacht zog die Karawane dahin, bergauf, bergab, durch das Reich der Kälte und des Todes. Wollte man Lager machen, so mußten erst einmal Schnee und Geröll fortgeräumt werden. Bisweilen schneite es, und dichte Nebel verhüllten das Land. „Alles war weiß; Erde und Himmel verschmolzen ineinander (3)." Der einzige, dem das Schneetreiben Spaß zu machen schien, war der zugelaufene gelbgraue Kirgisenhund Jolltschi — ein treuer Wächter, der sich aber durch nichts dazu bewegen ließ, in die Jurte zu kommen. Auch Wolfsfährten fand man, und die Kirgisen erzählten wahre Schauergeschichten über den Blutdurst und die Listigkeit der Wölfe, die, vom Schneefall aus dem Alai-Tal vertrieben, im Winter nach dem Kara-kul hinaufzuziehen pflegten, um dort Kaschgarschafe, Wildziegen und Hasen zu jagen.

Am 10. März blickte Hedin vom Paß Ui-bulak auf den zugefrorenen, tief verschneiten, von gewaltigen Bergen umkränzten Großen Kara-kul. Dieser 4.000 Meter über dem Meeresspiegel liegende, 22 Kilometer lange und 16 Kilometer breite „Schwarze See" wurde während der folgenden Tage genau untersucht, seine Tiefe mit Hilfe des Lotes ermittelt und die Temperatur seines salzigen Wassers gemessen. Zu diesem Zweck mußten Löcher in die fast meterdicke Eisdecke gehackt werden; und das alles bei einer Kälte von 29 bis 38 Grad unter Null. Wenn eine solche Winterreise durch das Pamir-Hochland an sich schon als besondere Leistung gelten darf, so wurde diese doch auch dadurch noch weit in den Schatten gestellt, daß Hedin ungeachtet des Schneetreibens, der eisigen Winde und seiner Erschöpftheit nicht nur den Weg genau und lückenlos vermaß, sondern auch das Gebiet um den Großen und den Kleinen Kara-kul, die Gletscher des Mustag-ata, obendrein astronomische Beobachtungen anstellte, Pflanzen und Gesteinsproben sammelte, ein meteorologisches Tagebuch führte, neue Wege auffand und erkundete und somit ein von der Wissenschaft bisher nicht erschlossenes, ja stellenweise völlig unbekanntes Gebiet entschleierte. Als er am 18. März die kleine russische Grenzfestung Pamirskij Post wohlbehalten erreicht, wird er von deren Kommandant Hauptmann W. N. Saizeff, sechs Offizieren und hundertsechzig Soldaten wie ein Sieger empfangen.

„Pamirskij Post erinnert lebhaft an ein Schiff. Die Mauern sind seine Reling, das weite, offene Murghab-Tal das Meer, der Burghof das Deck. Oft spazierten wir dort auf und ab und beobachteten mit scharfen Feldstechern die Grenzen des Sehfeldes. Stets war es derselbe stille, leblose Horizont, an dem nur alle Dienstag ein einzelner Reiter sichtbar wurde. Es ist der Postdschigit, der die von allen ersehnte russische Post mitbringt (3)."

Bis zum 7. April blieb Hedin in dieser entlegensten Bastion des russischen Reiches, dann schickte er die Karawane nach dem kleinen russischen Fort Rang-kul am Wildziegensee voraus, während er selbst die Tiefe jenes Gewässers auslotete. Ostwärts ging es von dort über den 4.730 Meter hohen Paß Tschuggatai nach der chinesischen Grenzfestung Bulun-kul, deren Kommandant Dschan Darin nicht wenig erleichtert war, als ihm gemeldet wurde, daß es sich keineswegs um einen Einfall russischer Kosaken handele, wie er gefürchtet hatte, sondern um eine harmlose Forschungsexpedition, deren Interesse allein dem Mus-tag-ata, dem gewaltigen heiligen Berg der Kirgisen, galt.

Unzählige Sagen und Legenden ranken sich um dieses 7.800 Meter hoch aufragende Gebirgsmassiv, dessen froststarrende Gipfel sich glitzernd über ein Meer wilder, zerkerbter Bergkämme erheben. Von den Kirgisen hörte Hedin, auf seinen unersteigbaren Höhen liege „eine alte Stadt namens Dschanaidar, die zu der Zeit erbaut worden sei, als auf Erden noch alle Menschen glücklich waren; und da seither keinerlei Verbindung zwischen der Stadt und der übrigen Welt stattgefunden, seien ihre Bewohner bis auf diesen Tag vollkommen glücklich. Es gebe dort Gärten, die das ganze Jahr hindurch das köstlichste Obst hervorbringen, Blumen, die nie welken, und Frauen, die nicht altern und immer schön bleiben; alle Lebensgenüsse gehörten dort zum täglichen Brot; nur der Tod, die Kälte und die Dunkelheit seien verbannt (3)".

Unmöglich sei es, so meinten die hier lebenden Su-baschi-Kirgisen, den „Vater der Eisberge" zu ersteigen, „Abgründe und steile Wände versperrten überall den Weg; die Seiten des Berges seien mit stahlblankem Eis überzogen, und der dort immer herrschende Sturm werde uns wie Sandkörner fortblasen, wenn wir es wagten, dem Riesen Trotz zu bieten (3)". Das ärgste Hindernis aber sei die dünne Luft, die selbst die Archaries, jene schnellfüßigen, gewandten Wildziegen, zurückschrecke und die Schwingen des Königsadlers erlahmen lasse, ehe er die höchsten Regionen erreicht. Dennoch zeigten sich sechs der Kirgisen bereit, Hedin zu begleiten, und versahen sich mit der notwendigen Ausrüstung. Es kam aber so, wie sie vorhergesagt: Kälte, Schneestürme, Bergkrankheit... In 5.336 Meter Höhe mußte der hohen Schneeverwehungen wegen umgekehrt werden. Aber Hedin gab nicht auf; vielmehr versuchte er, den Berg von der Südseite her anzugehen. Allein, auch hier gebot ihm das Schicksal Halt. Infolge des Sonnenglanzes auf Gletschern und Firnen befiel ihn unversehens wieder sein altes Augenleiden. Nahezu blind, von heftigen Schmerzen geplagt, langte er im Aul Su-baschi an. Gar zu gern hätte er sich in Bulun-kul ausgeruht, Dschan Darin aber, der chinesische Kommandant, ließ ihm sagen, wenn er sich nicht unverzüglich davonmache, werde er ihn durch seine Soldaten auf Trab bringen lassen.

Mit verbundenen Augen ritt Hedin drei Tage lang durch das enge, schluchtartige Tal des Ges-darja, wo das Bett des brausend dahinschießenden Flusses bisweilen die einzige Möglichkeit eines Fortkommens bot. Nachts mußten chinesischer und kaschgarischer Räuber wegen Wachen ausgestellt und die Waffen bereitgehalten werden. Und so empfand es der Forscher wie eine Heimkehr, als er gegen Abend des 1. Mai Kaschgar erreichte und von seinem alten Freund, dem russischen Generalkonsul Petrowskij, herzlich willkommen geheißen wurde.

Ursprünglich hatte Hedin beabsichtigt, von hier aus zum Lop-nor weiterzureisen, um die wirkliche Lage und Beschaffenheit des rätselhaften Sees festzustellen. Sein Augenleiden wie auch die Auswertung der bisherigen

---

Als Sven Hedin seine erste Reise durch Persien unternahm, betrat er eine märchenhaft bunte, dem Europäer noch fremde Welt uralter Kulturen, in der aber viele Menschen noch als Viehzüchter und Nomaden lebten, so wie hier die Kutschis an den Grenzen Afghanistans.

Das gebräuchlichste Transportmittel in Vorder- und Innerasien war damals noch das zweihöckerige Kamel oder Trampeltier. Überdies diente es dem Menschen zur Nahrung und versah ihn mit Wolle für Kleider und Zelte. Hedin bewies viel Liebe und großes Verständnis für dieses Tier.

Ein besonderes Erlebnis war für Hedin der Anblick des Ararat in der östlichen Türkei, des den armenischen Christen wie ihren islamischen Herren gleich heiligen Berges, auf dessen vereistem Gipfel noch Reste der Arche Noah liegen sollen.

Forschungsergebnisse hielten ihn jedoch länger als vorgesehen in Kaschgar fest. Und als dann plötzlich Mitte Juni der asiatische Sommer mit glühender Hitze — 38 Grad im Schatten — mit versengenden, staubgesättigten Winden über Ostturkestan hereinbrach, änderte der Forscher seinen Plan, indem er beschloß, seine Arbeiten im kühleren Pamir-Hochland fortzuführen und die Lop-Wüste erst während des Winters aufzusuchen.

Mit sechs Begleitern und ebensovielen schwerbeladenen Packpferden verließ er am Abend des 21. Juni die Stadt in südlicher Richtung. „In den noch glühenden Strahlen der untergehenden Sonne schritt unsere kleine Karawane langsam zwischen Pappeln und Weiden auf der Chaussee dahin, die von Jakub Bek angelegt worden war und auf der jetzt am Basartage das rührigste Leben herrschte (3)", vorüber an Heiligengräbern, an dem vom Hochwasser zerstörten Denkmal des hier 1857 ermordeten deutschen Naturforschers Adolf Schlagintweit, eines Freundes Alexanders von Humboldt, an Jakub Beks verfallenem Palast Dovlet Bag, dem „Garten des Reichtums", und auf einer Doppelbrücke über den Kisil-su. Flach und öde breitete sich das Land gegen Osten und Süden hin. Das Ziel war auch diesmal wieder der Mus-tag-ata.

Von den Vorbergen um Jangi-hissar aus erblickt man im Südwesten die stahlblaue Mauer des Vaters der Eisberge mit ihren blendend weißen Gletscherfirnen. Hier versuchten Boten des chinesischen Statthalters, der eine kartographische Aufnahme seines Gebietes befürchten mochte, Hedin

---

Die himmelhohen Gebirge des Himalaja mit ihren geologischen und völkerkundlichen Geheimnissen stellten vor der Jahrhundertwende eine beständige Herausforderung für den europäischen Forscher dar. Hedin gelang es unter unsäglichen Mühen, das bis dahin unbekannte Gebiet zu entschleiern.

Obschon kein Bergsteiger, gelang es dem jungen Forscher Hedin dennoch, den 5.670 Meter hohen Gipfel des Demawend, Persiens heiligen Berg im Elburs-Gebirge, zu bezwingen — ein vielversprechender Auftakt zu seinen späteren Reisen im Pamir und Himalaja.

Der Euphrat, mit etwa 2.700 Kilometer Länge der größte Fluß Vorderasiens, sah viele Kulturen kommen und gehen. Als Hedin an seinem Oberlauf entlangreiste, ahnte er noch nicht, daß er den Strom einmal bis zur Kalifenstadt Bagdad hinab befahren werde.

Klöster, wie hier das Lamakloster Tengpoche zu Füßen des Mount Everest, waren ebenso wohl Kulturmittelpunkte als auch Zwingburgen in Tibet. Das ganze Leben im Lande des lebenden Gottes war durch die Religion bestimmt.

zu einem Umweg über Jarkent zu bewegen. Vergeblich! Die Berge lockten. Und diesmal war der Forscher mit Empfehlungsbriefen des Dao Tai, des Provinzgouverneurs von Kaschgar, versehen, die ihn in den Rang eines Mandarins zweiten Grades erhoben.

Immer steiler wurde der Weg; die Täler verengten sich, des Morgens zumeist verhüllt von dichten Nebeln. Es ging über Pässe mit seltsamen Namen, durch tiefe, verschattete Schluchten, wie die des Tengi-tar, wo der Reisende im Flußbett reiten muß, fortwährend bedroht durch plötzlich hereinbrechendes Hochwasser, das durch das Schmelzen des Gletschereises verursacht wird. Vom Tar-baschi-Fluß zum 4.593 Meter hohen Paß Kitschik-kok-moinak sich hinaufwindend, führte der Weg über den Hauptkamm der Mus-tag-Kette.

Diese Gegend wurde von kirgisischen Hirten bewohnt, die Hedin so sehr schätzen lernte, daß er fast selbst zu einem Kirgisen wurde. Die chinesischen Soldaten, die das Grenzland besetzt hielten, gefielen ihm weniger; sie waren ziemlich verlottert, tranken fortwährend Tee, rauchten Opium oder spielten. Ihre einzige Tätigkeit schien darin zu bestehen, die freundlichen, friedfertigen Nomaden zu bedrücken und zu erpressen. Während der vier Monate, in denen er von Su-baschi aus das Pamir-Hochland durchstreifte, wohnte er in den Jurten der Kirgisen, aß ihre Speisen, lernte ihre Sprache, ihre Sitten und Gebräuche und nahm an ihren Jagdzügen teil.

„Obgleich ich die ganze Zeit über der einzige Europäer war, kam mir doch diese Einsamkeit nie drückend vor, denn sie umgaben mich stets mit derselben Freundschaft und Gastlichkeit. Sie nahmen mit Vergnügen an meinem Nomadenleben teil und kamen auf allen Exkursionen, Gletscherwanderungen und Bergbesteigungen mit (3)."

Im Laufe des Sommers wurden die Untersuchungen am Kleinen Kara-kul fortgesetzt, seine Ufer vermessen, was die chinesische Garnison im Sarikkol-Tal stark zu beunruhigen schien; auch wurde eine genaue Karte des Mus-tag-ata-Massivs aufgenommen. Endlose Ritte auf den Yaks der Kirgisen, Kälteeinbrüche, jäh herabprasselnde Hagelstürme, die dünne Luft der ungeheuren Höhen, niederdonnernde Lawinen, dazu die regelmäßig trotz aller Unbilden der Witterung, des Wechsels von eisigen Winden und versengender Sonnenglut durchgeführten Forschungsarbeiten — all das stellte den Forscher auf eine harte Probe. Auch jetzt gelang es ihm nicht, den Gipfel des Vaters der Eisberge zu bezwingen.

Diese Unternehmungen hatten mehr Zeit beansprucht als vorgesehen. Der Proviant ging zur Neige, und der nächste Ort, wo die Vorräte ergänzt werden konnten, war Pamirskij Post. Um dem Argwohn der Chinesen nicht neue Nahrung zu geben, beschloß Hedin, die Grenze heimlich bei Nacht auf einem unbewachten Paß zu überschreiten. In Eilmärschen ging es durch menschenleere Bergeinöden, über den Mus-karau-Paß und durch Nagara-kum, das breite „Tal des Trommelsandes", zum Flusse Murghab.

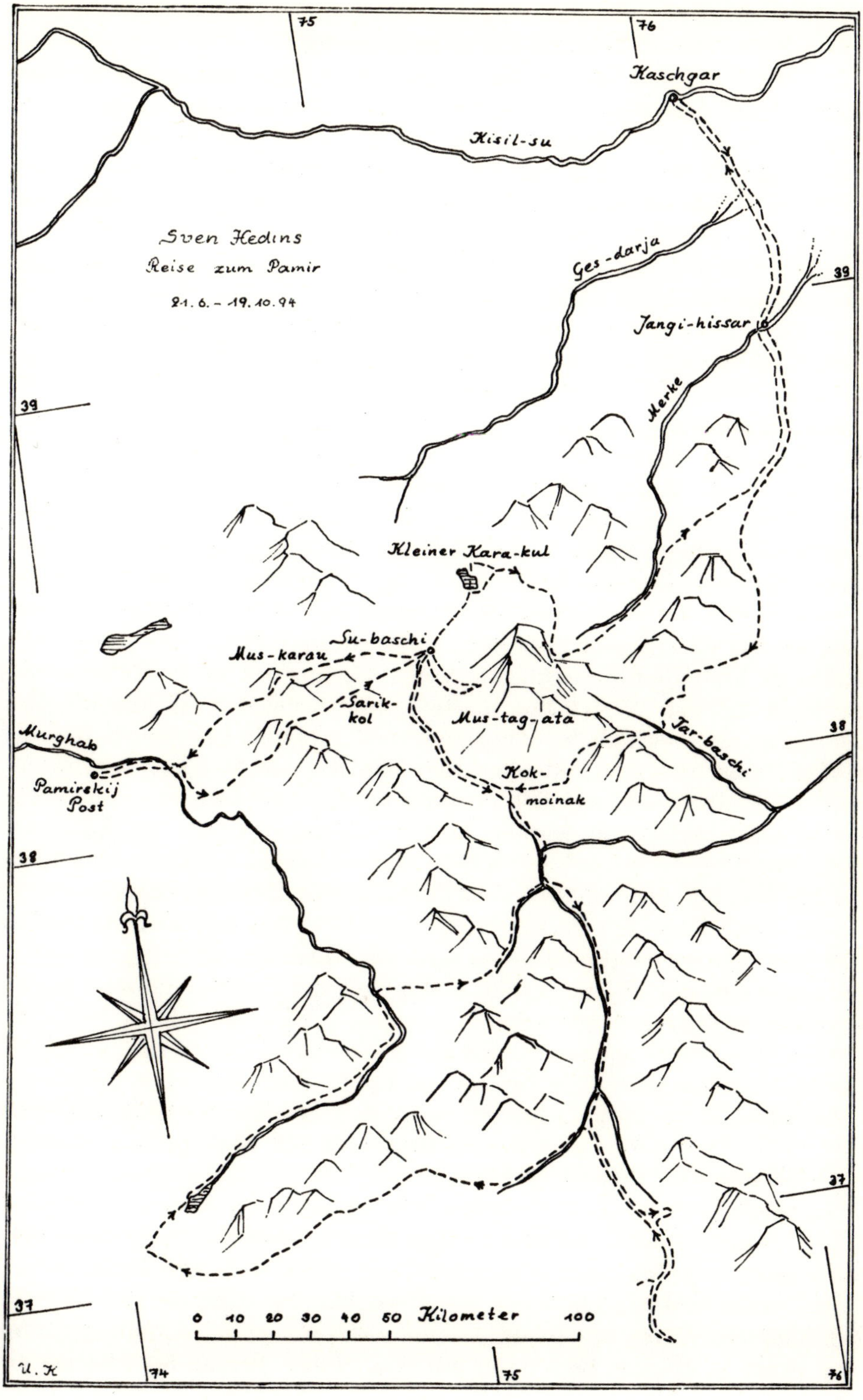

Sven Hedins
Reise zum Pamir
21.6. – 19.10.94
Kaschgar
Kisil-su
Ges-darja
Jangi-hissar
Merke
Kleiner Kara-kul
Su-baschi
Mus-karau
Sarik-kol
Mus-tag-ata
Jar-baschi
Kok-moinak
Murghab
Pamirskij Post
75
76
39
38
37
74
0 10 20 30 40 50 Kilometer 100
U. K

Ohne Zwischenfall wurde die russische Festung erreicht. Nach kurzer Rast kehrte Hedin ebenso heimlich an die Seen zurück.

Der Winter nahte; zuvor aber mußte die Untersuchung des Kleinen Kara-kul mit einer Reihe von Tiefenlotungen abgeschlossen werden. Doch wie? Keiner der hier lebenden Kirgisen hatte je ein Boot gesehen. Unverdrossen machte Hedin sich deshalb selbst ans Werk und brachte aus einer Pferdehaut und einigen Ziegenfellsäcken tatsächlich eine Art Boot zustande. „Aufrichtig gesagt, machte es der schwedischen Schiffsbaukunst gerade keine Ehre. Es war an allen Enden schief und kantig wie eine alte Sardinenbüchse; und als diese famose Barke, die nun eine Woche lang auf dem Kleinen Kara-kul fahren sollte, auf ihren aufgeblähten Ziegenfellsäcken am Strande schaukelte, erinnerte sie an ein unbekanntes vorsintflutliches Tier, das brütend auf seinen Eiern lag (3)."

Die aus allen Richtungen herbeigeeilten Kirgisen waren ebenso erstaunt wie begeistert. Einer von ihnen erbot sich sogleich, an den künftigen Fahrten teilzunehmen, obwohl sie glaubten, daß Dämonen und Geister in den Tiefen des Sees hausen. Da das Boot nicht zu kreuzen vermochte, mußte es vor jeder Fahrt an das südliche Ufer geschafft werden, um sich dann vom beständig aus Süden wehenden Wind über den See treiben zu lassen. Gleich bei der ersten Fahrt erhob sich ein orkanartiger Sturm. Eine der Schwimmblasen löste sich, während die Luft aus den Ziegenfellsäcken an Steuerbord entwich. Brechseen schlugen ins Boot; es tanzte wie ein Kork auf den Wellen und drohte jeden Augenblick zu kentern. Der Kirgise wurde seekrank, wähnte sein letztes Stündlein gekommen. Besorgt spähte Hedin nach dem rettenden Ufer aus, das man wohlbehalten, wenn auch völlig durchnäßt und halb erfroren, zuletzt doch noch erreichte. Trotz dieser üblen Erfahrung wurden in den folgenden Tagen 103 Lotungen vorgenommen, die als größte Tiefe 24 Meter ergaben. Zwar war das Wasser des Sees süß und trinkbar, aber Fische fanden sich nicht darin.

Mit tiefem Bedauern verließ Hedin am 9. Oktober den kleinen, ihm so lieb gewordenen Hochgebirgssee und das Land der Kirgisen, in deren Jurten er sich wie daheim gefühlt hatte. Nach einer Reise von zehn Tagen über den berüchtigten Merkebel-Paß langte er glücklich wieder in Kaschgar an. Hier erhielt man am Abend des 6. November durch einen Kosakenkurier Nachricht vom Tode Zar Alexanders III., was besonders den Generalkonsul und die übrigen Russen betrübte. Das römische Weihnachtsfest und zwölf Tage später auch das russische wurden dennoch recht fröhlich im Kreis der alten Freunde gefeiert.

Zu ihnen gehörte auch Högberg, ein schwedischer Missionar. Sosehr Hedin diesen ernsten, redlichen Mann schätzte und die Verbreitung des Christentums guthieß, er konnte doch nicht umhin, sachliche Kritik an der Lebensweise und den Methoden der Missionare zu üben, die ihn verderblich dünkten. Waren die ersten Apostel nicht arm gewesen, unverheiratet und daher in engster Berührung mit dem Volke, dessen Sprache sie erlernten, in dessen Sitten sie sich fügten, unabhängig von Unterstützungen und Kollekten, weil jeder von ihnen irgendein Handwerk verstand und deshalb von der Bevölkerung nicht als Belastung empfunden wurde? Wer aber unter den Missionaren unserer Tage fragt danach, daß viele Religionen älter, tiefer verwurzelt im Denken und Fühlen der Völker sind als die christliche? „Die großen asiatischen Glaubenslehren lassen sich ebenso wenig bekämpfen wie Sozialismus und Anarchismus. Es gehen Strömungen durch die Zeit, geistige und soziale, die ihren Lauf und ihre Zeit haben müssen und ebenso unwiderstehlich sind wie die Meeresflut. Nützlich oder schädlich, lassen sie sich nicht eher hemmen, als ihre Entwicklungszeit vorbei ist (3)."

Derartige Ansichten, durch praktische Erfahrungen wohlbegründet und mit dem Freimut geistiger Unabhängigkeit geäußert, haben ihm in späteren Jahren manche heimliche Gegnerschaft eingetragen, obwohl oder weil sie keiner Partei, keiner ideologischen Richtung dienten, sondern nur einem besseren Verständnis zwischen den Völkern und dem Streben nach einer glücklicheren Welt.

Sehnsucht nach dem Unbekannten

Takla-makan heißt ein Gebiet von etwa 400.000 Quadratkilometern im westlichen Tarimbecken, dessen östlicher Teil vom Flußbett des Chotandarja durchzogen wird. Seinen Namen erhielt es von einer sagenhaften, im Sande versunkenen Stadt. Ein Meer von Sand und allem Leben feind, so breitet sich diese Wüste zwischen gewaltigen Bergen aus. Ungeheuren erstarrten Wogen gleich ziehen sich Dünen von Horizont zu Horizont; und wenn der Buran, der glühende Sandsturm, weht, flattert der Sand in langen Fahnen von ihren Kämmen. Keine Oase bietet dem Wanderer in dieser Einöde Rast und Schutz wie in der Sahara, keine Karawanenwege durchschneiden sie. Geheimnisvoll, von Reisenden abergläubisch gemieden, ruht das Sandmeer in vieltausendjährigem Schlaf.

Die Leute, die am Jarkent-darja wohnen, dem großen Fluß, der, im Karakorum entspringend, die Takla-makan im Westen und Norden umfließt, behaupten steif und fest, es sei unmöglich, sie zu durchqueren. In ihrem unbekannten Inneren gebe es Talesmat — Geister und Zauberwesen, welche, unermeßliche Schätze hütend, in zerfallenen Gemäuern, Türmen, ja sogar in ganzen Städten hausen. Wer mit einer Karawane dorthin gelange und seine Tiere mit den verwünschten Schätzen belade, werde von ihnen an den Ort seines Fundes gebannt; er könne sich nur retten, indem er die Goldbarren, Silbermünzen oder Schmuckstücke wieder fortwerfe. Sehr wenige Landesbewohner hatten sich bisher in diese unheimliche Gegend hineingetraut, und nie zuvor hatte eines Europäers Fuß sie betreten.

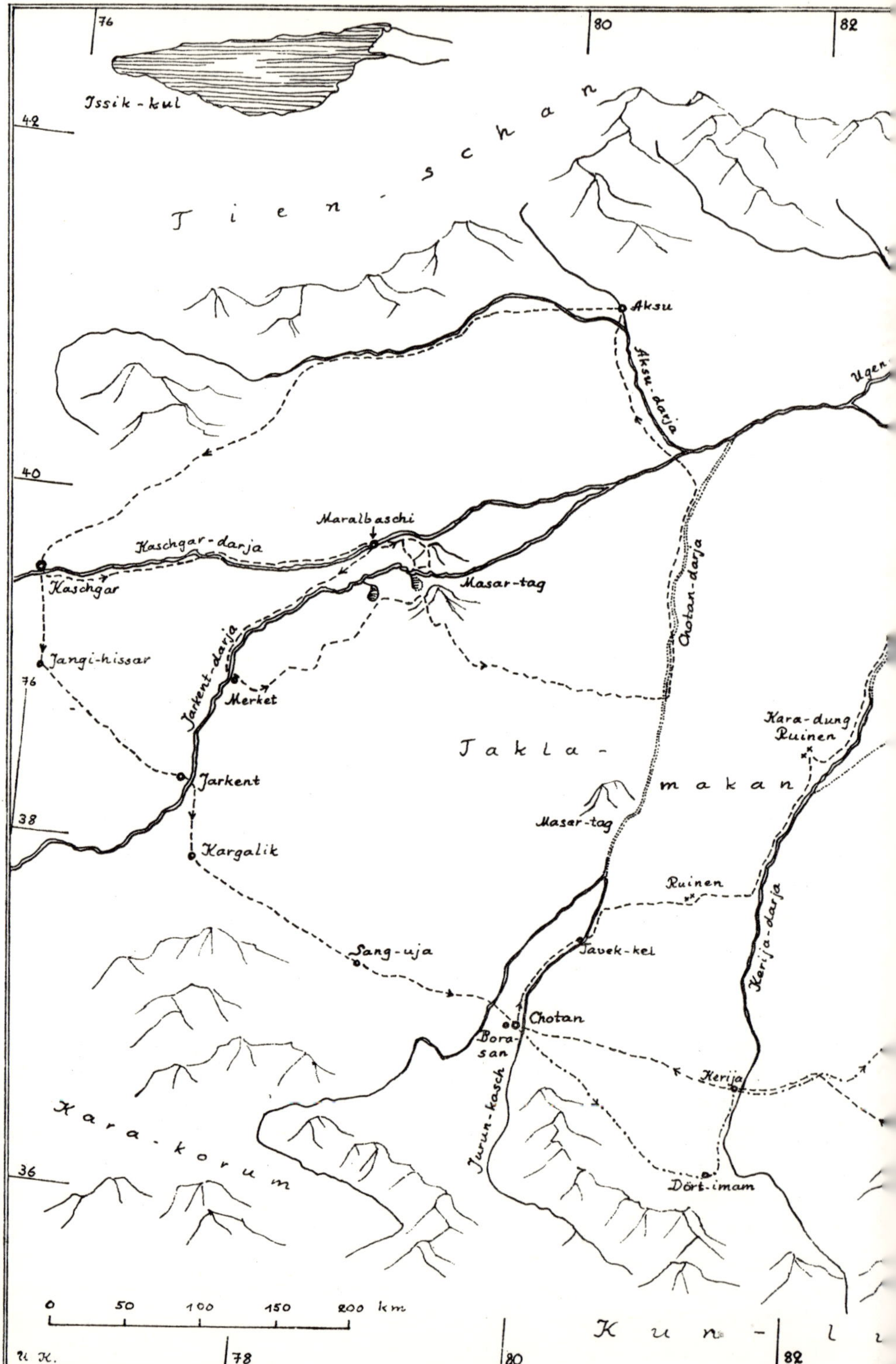

76
80
82
Issik-kul
42
T i e n - s c h a n
Aksu
Aksu-darja
Ugen
40
Maralbaschi
Kaschgar-darja
Kaschgar
Masar-tag
Chotan-darja
Jangi-hissar
76
Merket
Jarkent-darja
Kara-dung
Ruinen
J a k l a -
Jarkent
m a k a n
38
Masar-tag
Kargalik
Ruinen
Javek-kel
Kerija-darja
Sang-uja
Chotan
Bora-
san
Kerija
K a r a - k o r u m
Jurun-kasch
36
Dört-imam
0
50
100
150
200 km
K u n - l
U. K.
78
80
82

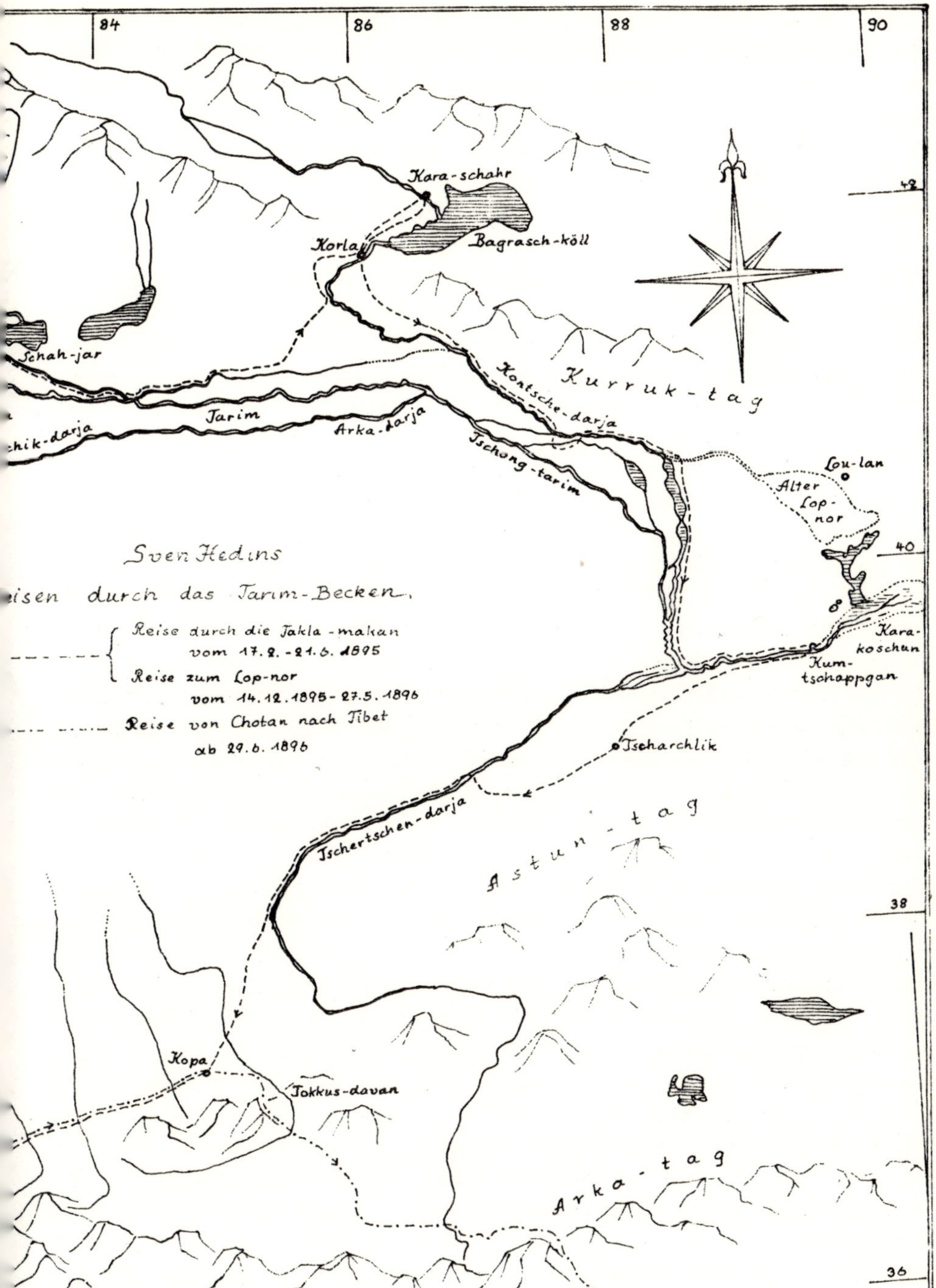

84
86
88
90
42
40
38
36
84
88
Kara-schahr
Korla
Bagrasch-köll
Schah-jar
Kurruk-tag
Kontsche-darja
Jarim
Arka-darja
chik-darja
Ischong-tarim
Lou-lan
Alter Lop-nor
Sven Hedins
eisen durch das Tarim-Becken
Reise durch die Takla-makan vom 17.2.-21.6.1895
Reise zum Lop-nor vom 14.12.1895-27.5.1896
Reise von Chotan nach Tibet ab 29.6.1896
Kara-koschun
Kum-tschappgan
Tscharchlik
Ischertschen-darja
Astun-tag
Kopa
Tokkus-davan
Arka-tag
König-Oskar-Berg

Mit seinem bewährten Diener Islam Bai, der ihm durch seine Hingabe und Verläßlichkeit schon fast zum Freunde geworden war, hatte Hedin am 17. Februar 1895 Kaschgar verlassen, um in einer Arba, dem landesüblichen zweiräderigen Reisekarren, zunächst nach Maralbaschi am Kaschgar-darja zu fahren und sich dort mit den Verhältnissen in der Wüste vertraut zu machen. Unter anderem ging es ihm darum, den Umfang und den von Prschewalskij angenommenen Verlauf des Gebirgsstockes Masartag festzustellen. Seinen dreißigsten Geburtstag, der gar leicht sein letzter hätte werden können, verbrachte er unterwegs auf einer öden, staubüberwehten Ebene und dachte dabei voll freudiger Erwartungen an die Zukunft, die ihm, obschon in undurchdringliches Dunkel gehüllt, doch Ruhm und Erfolg zu verheißen schien. War er nicht der erste europäische Forscher, der es wagte, in diese Wüste einzudringen? Vielleicht sogar fand er eine jener versunkenen Städte, von denen man sich in den Basaren von Chotan, Jarkent, Maral-baschi und Ak-su so viel Wundersames erzählte? Auch sollte es vorzeiten große wildreiche Wälder in ihrem Inneren gegeben haben. Irgend etwas Wirkliches — so folgerte er — müsse solchen phantastischen Erzählungen doch wohl zugrunde liegen.

„Wie ein Kind lauschte ich diesen abenteuerlichen Sagen, die mir die gefährliche Fahrt, die ich zu wagen beabsichtigte, mit jedem Tag verlockender erscheinen ließen. Sie hypnotisierten mich; ich wurde blind gegen jede Gefahr; die unheimliche Wüste verhexte mich; sogar die Sandstürme, die ihren Ursprung in der Tiefe der Wüste haben, erschienen mir prachtvoll und bezaubernd. Und dort hinten am Rande des Horizontes türmten die Dünen sich in edel gerundeten Formen auf, die zu betrachten ich nicht müde wurde, und hinter ihnen lag in der Ruhe der Grabesstille das unbekannte verzauberte Land, von dessen Dasein nicht einmal die ältesten Urkunden eine Ahnung haben, das Land, das ich als der erste betreten wollte ... (3)".

Nachdem die Untersuchungen am Masar-tag mit dem Ergebnis abgeschlossen waren, daß dieser Gebirgsstock sich nicht in der Wüste fortsetzt, wie es Prschewalskij vermutet hatte, und also nicht mit dem gleichnamigen Berg an ihrem Südostrand in Verbindung steht, finden wir Hedin am 19. März in Merket, einem großen Dorf am Ostufer des Jarkent-darja, das ihm als Ausgangspunkt für seine Reise durch die Takla-makan dienen sollte. Auch hier war er der erste Europäer, den die Dörfler zu sehen bekamen. Drei Wochen verstrichen, bevor alle Vorbereitungen für die Wüstenwanderung getroffen waren.

Islam Bai hatte in Jarkent acht starke, an Strapazen gewöhnte Kamele beschafft sowie Kamelhaarstricke zum Festbinden der Ladung, die aus vier eisernen Wasserbehältern, Proviant für mehrere Monate, Winterkleidern, Pelzen und Teppichen bestand, da der Forscher beabsichtigte, anschließend zum Lop-nor und dann durch Tibet nach China zu reisen. Zahlreiche wissenschaftliche Instrumente, Schußwaffen nebst Munition,

Feldbett, Zelt und das Futter für die Packtiere mußten ebenfalls auf den Kamelen fortgeschafft werden. Mit Stolz und Zuversicht betrachtete Hedin seine stattliche Karawane, nicht ahnend, daß sie ihrer Vernichtung entgegenging. Außerdem hatte Islam Bai zwei erfahrene Leute angeworben — den fünfundfünfzigjährigen Mohammed Schah, der Frau und Kinder in Jarkent hatte und sich auf das Führen von Kamelen verstand, sowie den achtundvierzigjährigen Karawanenführer Kasim Achun aus Ak-su. Als dritter fand sich ein Mann in Merket, der ebenfalls Kasim Achun hieß, aber Jolltschi — Pfadfinder — genannt wurde, weil er vorgab, sich in der Wüste auszukennen. Roh und von heftiger Gemütsart, geriet er bald mit seinen Gefährten in Streit, vor allem aber mit Islam Bai, der zum Führer der Karawane ernannt worden war und ihm nichts durchgehen ließ.

Teilnahmsvoll sahen die Bewohner von Merket am 10. April, sich in den Gassen drängend oder auf den Dächern ihrer Häuser hockend, dem Auszug der Karawane zu. „Die kommen nie wieder!" riefen sie. „Ihre Kamele sind zu schwer beladen; sie kommen nicht durch den tiefen Sand!" Dennoch ging anfangs alles gut. Munter bellten die beiden Hunde — Hamra und auch Jolldasch, der seinen Herrn schon auf den Wanderungen im Pamir begleitet hatte. Die Hühner gackerten in ihren Käfigen hoch droben auf den Kamelrücken, und die beiden Schafe, die man Hedin in Merket geschenkt, folgten willig. Trinkwasser war für vierundzwanzig Tage vorhanden. Jolltschi behauptete, vom Marsa-tag aus könne man den Chotan-darja in vier Tagen erreichen, während Prschewalskijs Karte die Entfernung mit sechs Tagereisen angab. Ein Grund zur Besorgnis bestand also nicht.

Während der ersten acht Tage folgte man nordostwärts dem Wüstensaum, parallel zum Jarkent-darja, über niedrige Dünen und ebene, hier und da mit Pappeln bestandene Steppen, bis die blauen Konturen der südlichen Ausläufer des Masar-tag in Sicht kamen. An jedem Tag wurden mehr als 20 Kilometer zurückgelegt, des Abends Brunnen gegraben. Nichts unterbrach die eintönige Wanderung, es sei denn dann und wann ein Zank zwischen Jolltschi und Islam Bai. Gegen Abend des 18. April lagerte man am Ufer eines der Sumpfseen, die hier vom Jarkent-darja gebildet werden, inmitten einer idyllischen Landschaft von Kamischfeldern und Pappelhainen. Den an Öde und Kargheit gewöhnten Augen der Reisenden erschien diese Gegend als ein Paradies. Zum letzten Mal wurden die Wasserbehälter gefüllt, und zwar mit einem nur für zehn Tage berechneten Vorrat, um die Kamele nicht allzu sehr zu belasten. Und dann wandte die Karawane sich südostwärts, mitten hinein in das Herz der Wüste. „Gewinnen oder verlieren war meine Losung", bekannte Hedin. „Unschlüssigkeit, Furcht gab es nicht. Vorwärts — flüsterte der Wüstenwind; vorwärts — sang das Erz der Karawanenglocken (3)!"

Die Hitze nahm von Tag zu Tag zu. Höher und höher türmten sich die Dünen, bis sie eine Höhe von mehr als 30 Metern erreichten. Die Hunde mit ihrem dicken Fell hatten am meisten zu leiden. Hamra blieb eines Morgens zurück und ward nicht mehr gesehen. Stunde um Stunde schritten die Kamele durch den tiefen, glühenden Sand. Stumm wankten die Menschen einher. Selbst die Glocken verstummten. Tiefe Stille, die Ruhe des Todes, lag über dieser trostlosesten, unbekanntesten Einöde der Erde. Bisweilen erhob sich ein Sandsturm und saugte den vom Durst Gepeinigten die letzte Feuchtigkeit aus der Haut. Die Kamele bewegten sich langsamer, strauchelten nun oftmals an den steilen Dünenhängen. Eines Abends stellte Hedin zu seinem Schrecken fest, daß sich nur mehr für zwei Tage Wasser in den Kanistern befand. Schuld daran trug Jolltschi; er hatte gewähnt, die Strecke zum Chotan-darja in vier Tagen bewältigen zu können. Doch spähte man nun von den Höhen der Dünenkämme vergebens nach Spuren von pflanzlichem Leben aus. Nichts! Gar nichts! Schier grenzenlos rollten die Wogen des Sandes fort bis in den Dunst der östlichen Fernen.

Hier und da gab es zwischen den Dünen ebene Flächen harten, porösen, mit Salzablagerungen überkrusteten Lehms, was Hedin vermuten ließ, es könne sich hier um den Boden eines vorzeitlichen asiatischen Mittelmeeres handeln. Die Lage wurde recht ernst. Bis zu 50 Metern Höhe erhoben die Dünen sich jetzt vor den Wanderern, und oftmals versperrten sie ihnen den Weg. Treibsandstrecken, in denen die Tiere wie in einem Sumpf versanken, mußten mühsam umgangen werden. Zwei der Kamele blieben vor Erschöpfung liegen; die übrigen schleppten sich mit versagenden Kräften fort, bis man auch sie würde sterbend zurücklassen müssen. Dies fast mehr noch als die Leiden der Menschen bedrückte den jungen Forscher aufs äußerste. „Es war meine Schuld, wenn diese unschuldigen Geschöpfe ihr Leben einbüßen mußten, und ich trug die Verantwortung für alle die qualvollen Augenblicke, alle Leiden und alle Pein, die Menschen und Tiere in meiner Karawane zu erdulden hatten (3)." Man begann Sinnestäuschungen zu unterliegen, vernahm Glockenklang und menschliche Stimmen. Als wiederum ein Kamel zusammengebrochen war, wurde beschlossen, einen Teil des Gepäcks zurückzulassen. Nur das Notwendigste wurde auf die letzten fünf Tiere verteilt. Inzwischen war der Wasservorrat in den beiden Kanistern auf ganze zwei Liter zusammengeschmolzen; doch als man am Morgen des 29. April weiterzog, war einer der Behälter leer. Islam Bai verdächtigte Jolltschi, das kostbare Naß gestohlen zu haben, aber beweisen konnte er es ihm nicht. Am nächsten Tag war nicht mehr als ein Glas Wasser übrig, und diesen Rest tranken Kasim und Mohammed Schah während der Wanderung heimlich aus.

Die Katastrophe schien unabwendbar. Kein Zeichen von Vegetation ringsumher, nur glühender Sand, grelles Sonnenlicht. Am 1. Mai wurden nur viereinhalb Kilometer zurückgelegt. Mohammed Schah und Jolltschi delirierten. Man schlachtete das letzte Schaf, das treu wie ein Hund der Karawane gefolgt und allen lieb geworden war, um mit seinem Blut den brennenden Durst zu löschen. Als dies nichts nützte, tranken Islam Bai und die übrigen, Hedin und Kasim ausgenommen, den stinkenden, dickflüssigen Kamelurin, was ihre Qualen nur noch vergrößerte. Wo Mohammed Schah endgültig zusammenbrach, wurde Lager gemacht. Hedin packte alles Wichtige — Tagebücher, Instrumente, Fotoapparate und Platten, die Reiseapotheke und die entbehrlichen Konserven — zusammen, stellte eine Stange, an der ein Zeitungsblatt befestigt war, auf der nächsten Düne auf und nahm Abschied vom sterbenden Mohammed Schah und von Jolltschi, die er hier zurücklassen mußte, sollten nicht alle mit ihnen zugrunde gehen.

Der Marsch durch die Nacht, als man das Todeslager verlassen hatte, glich einem Alptraum. Schon bald gab Islam Bai den Kampf verloren und streckte sich neben den zu Tode ermatteten Kamelen zur letzten Ruhe aus, ebenso auch Jolldasch, der treue Hund. Weiter taumelten Kasim und Sven Hedin. „Ich wollte nicht in der Wüste sterben", schrieb der Forscher später. „Ich war zu jung, ich hatte zu viel zu verlieren und zu viel noch vom Leben zu erwarten. Nie hatte ich den Wert des Lebens so sehr erkannt wie jetzt (3)."

Tags darauf erblickte Kasim in einem seiner lichten Momente zwischen Fieberträumen eine einsame Tamariske, die auf die Nähe von Wasser deutete, gegen Mittag mehrere andere und dann in der Abenddämmerung am östlichen Horizont einen Pappelhain. War das die Rettung? Der Versuch, einen Brunnen zu graben, mißlang; auch Kasim war mit seinen Kräften am Ende. Erst am 5. Mai erreichten sie, schlaftrunken dahintaumelnd und immer wieder stürzend, das Flußbett des Chotan-darja. Doch — welche Enttäuschung! Es war trocken und leer, eine ebene Fläche staubfeinen Sandes. Verzweifelnd sank Kasim zu Boden und erhob sich nicht mehr. Hedin aber raffte die letzten Kräfte zusammen und kroch mehr als daß er ging dem jenseitigen Uferwald zu, denn er sagte sich, der Fluß könne seinen Lauf so wie der Jarkent-darja nach Osten verlagert haben. Und wirklich fand er, obschon mehr aus Zufall, im Gestrüpp des östlichen Ufers einen Tümpel mit klarem, süßem Wasser. Er trank sich satt. Neu belebt, füllte er seine Stiefel und eilte damit zu Kasim zurück.

Gerettet — ja! Aber was nun? Was konnte zur Rettung der Gefährten und Tiere geschehen? Auf Kasim war nicht zu zählen. Kein Mensch weit und breit. Der nächste Ort, von wo sich Hilfe erwarten ließ, war Chotan, und diese Oasenstadt lag 250 Kilometer entfernt gegen Süden. In fünf Tagen, meinte Hedin, müsse sie zu erreichen sein, wenn man kräftig ausschritt. Fünf Tage — eine Ewigkeit für Verdurstende. Die Sache war aussichtslos. Dennoch machte Hedin sich sogleich auf den Weg.

Glücklicherweise traf er wenig später auf Schafhirten aus Chotan, die in den Flußwäldern ihre Herden weideten. Zunächst durch sein Erscheinen erschreckt, dann argwöhnisch und verwundert, versorgten sie ihn doch mit Wasser und Milch, mit Maisbrot und Käse. Nachdem Hedin alles verzehrt hatte, sank er in tiefen, todesähnlichen Schlaf. Pferdegetrappel und erregte Stimmen schreckten ihn indes bald wieder auf. Kaum hatte er sich von seinem Lager erhoben, da stürzten Kasim und Islam Bai in die Hütte. Der treue Islam warf sich ihm weinend zu Füßen. Auch er gerettet! Ein Wunder? Die Geschichte hörte sich in der Tat wie eine Wundermär an. Islam erzählte, wie ihn die Kühle der Nacht soweit gekräftigt habe, daß er mit dem Tier, das die kostbarsten Sachen trug, den Spuren seines Herrn habe folgen können. Ihn, wie schon Kasim zuvor, hatte die Verzweiflung überwältigt, als sich im Flußbett kein Wasser fand. Die Sinne verließen ihn, und es war sein Glück, daß eben in diesem Augenblick drei reisende Kaufleute aus Ak-su, die im Flußbett heraufgeritten kamen, das weiße Kamel bemerkten, das munter am Strauchwerk knabberte, und daneben hingestreckt einen Mann, der mehr tot als lebendig zu sein schien. Auf ihre Fragen brachte er nur ein Wort hervor: „Wasser!" Islam erholte sich indes bald und schloß sich den Kaufleuten an. Wenig später trafen sie mit Kasim zusammen, der sich ängstigte, weil sein Herr spurlos verschwunden war. Aber sie hörten dann von den Hirten, wo Hedin sich befand.

Im Laufe der folgenden drei Tage gewannen die drei Wüstenwanderer ihre Kräfte zurück. Da mit dem weißen Kamel auch Instrumente und vor allem das Geld geborgen worden waren, konnte Hedin von durchreisenden Kaufleuten drei Pferde erstehen sowie Packsättel und Futter. Zwei Jäger und ein Führer wurden angeworben; sie sollten nach dem Todeslager suchen. Doch ohne Ergebnis kehrten sie nach einer Woche zurück; sie hatten sich der zunehmenden Sommerhitze wegen nicht tiefer hinein in die Wüste gewagt. Die letzte Hoffnung, Mohammed Schah und Jolltschi zu retten sowie auch einen Teil der wertvollen Ausrüstung, war somit dahin. Nicht genug damit — das von Islam Bai bei den Tamarisken am Wüstenrand zurückgelassene zweite Kamel, das drei Aneroide, Kochthermometer, Feldstecher, zwei Revolver, zweihundert Zigarren und fünfzig Patronen trug, war fort. Man hatte die Stelle gefunden, die von Islam durch seinen an den Baum geknüpften Gürtel kenntlich gemacht worden war. Dieser Gürtel fehlte; statt seiner waren die Zweige mit einem weißen Filzstreifen zusammengebunden. Man sah Spuren von Kamelhufen und Stiefeln, die sich jedoch bald im Sande verloren. Wer war es, der das Tier samt seiner Last weggeführt hatte? Konnte Jolltschi sich erholt und den Chotan-darja erreicht haben? Kaum anzunehmen! Oder waren es Hirten gewesen? Nein, die trugen gewiß keine Stiefel. Oder ein diebischer Reisender? Wie kam er dann an jenen abgelegenen Ort? Auch hätte er den Hirten begegnen müssen. Ein vollkommenes Rätsel! Wie auch immer, Hedin sah sich durch den Verlust der unentbehrlichen Instrumente genötigt, seine Tibetreise vorläufig aufzuschieben und nach Kaschgar zurückzukehren.

In einer Laubhütte der Hirten im Walde von Buksem schrieb er an seine Eltern: „Der glückliche Stern, den Gott über meinen Pfaden leuchten läßt, hat niemals so klar gestrahlt wie in den letzten vierzehn Tagen; einer Kette von Wundern habe ich meine Rettung zu danken (38)!" Doch waren es nicht so sehr Wunder, sondern wohl eher der unbeugsame Wille, zu überleben, seine Aufgabe zu erfüllen sowie auch ein fast mystisches Vertrauen in göttliche Führung; hatte er es doch fertiggebracht, während er sich mit schwindenden Kräften dahinschleppte, den Weg kartographisch aufzunehmen, indem er regelmäßig die Kompaßpeilungen notierte und seine Schritte zählte. „Die Pflicht geht allem voran. Daß ich aus dem ewigen Sande gerettet wurde, betrachte ich als eine göttliche Lebensversicherung, ohne deshalb zu glauben, daß ich unsterblich bin (38)!"

Zum rätselhaften Lop-nor

Im Bett des Chotan-darja nordwärts reitend, wandte Hedin sich nach Ak-su und von dort auf der großen Heerstraße nach dem 450 Kilometer entfernten Kaschgar, wo er am Abend des 21. Juni eintraf. Seine Freunde — Petrowskij, Macartney und Högberg —, die ihn bereits verlorengegeben hatten, schlossen ihn mit überströmender Herzlichkeit in die Arme. Der Dao Tai versprach, genaue Nachforschungen über den Verbleib des Kamels und dessen Ladung anstellen zu wollen. Wenig später legte er bei einem Essen, zu dem der Forscher geladen war, einen schwedischen Offiziersrevolver, der zu den verschwundenen Sachen gehörte, auf den Tisch. Die Waffe war angeblich einem Bauern von einem unbekannten Reiter überlassen worden. Dabei blieb es — vorläufig.

Hedin schrieb sogleich an von Richthofen und bat um Ersatz der verlorengegangenen Instrumente. Die neue Ausrüstung konnte aber bestenfalls erst nach drei Monaten in Kaschgar eintreffen, deshalb beschloß er, die heiße Sommerzeit im Pamir zu verbringen. Der 10. Juli sah ihn mit Islam Bai, zwei Dienern und sechs Pferden auf dem Weg ins Bergland. Kasim war als Pförtner in der Stadt geblieben. Während der folgenden drei Monate wiederholten sich die Erlebnisse und Arbeiten seiner ersten Pamirwanderungen, nur daß ihm das Fotogerät fehlte und durch den Zeichenstift ersetzt werden mußte. Am Mehman-jolli, dem „Gastweg", traf er mit der russisch-englischen Grenzkommission zusammen, deren Aufgabe es war, die Grenze zwischen den Einflußgebieten der beiden Nationen vom Victoriasee bis zur Grenze Chinas endgültig festzulegen. Als Gast der Kommission gewann Sven Hedin unter ihren Mitgliedern nicht wenige Freunde, was ihm dann später von großem Nutzen war.

Als der erste Schnee zu fallen begann, kehrte er nach dem noch sommerlich warmen Kaschgar zurück. Hier erwarteten ihn die ersehnten Briefe aus der Heimat und eine große Kiste mit den neuen Instrumenten. Dem Aufbruch zur langen Reise durch Tibet und China stand nun nichts mehr im Wege.

Mit neun Pferden und drei Dienern unter Befehl von Islam Bai verließ die Karawane in der Morgenfrühe des 14. Dezember Kaschgar auf der uralten berühmten Seidenstraße, deren südlicher Zweig über Jarkent und Chotan nach Osten führte. In .... grauer Vorzeit bereits wurden auf ihr Seide und Gold nach dem Westen transportiert, Glaswaren und Edelmetalle, arabische Pferde, Kleepflanzen, Pfirsich- und Mandelbäume nach dem Fernen Osten. Christen, Buddhisten, Moslems und Juden wanderten, ihre Lehren verbreitend, diesen Weg (31). Am 23. Dezember wurde der Jarkent-darja überquert, dieser größte Fluß Innerasiens, der sich — was Hedin noch nicht mit Bestimmtheit wußte —, die Takla-makan an ihrem Nordrand umfließend, fern im Osten als Tarim in den geheimnisvollen See Lop-nor ergießt. Das Weihnachtsfest beging man in Kargalik, der „Rabenstadt", unter freundlichen Menschen. Hedin aber sehnte sich heim; der Gedanke, daß ihn noch 15.000 Kilometer von Stockholm trennten, hatte am Heiligen Abend wenig Tröstliches. „Weihnachten ist mein schlimmster Tag; da fühle ich mich schrecklich einsam und verlassen, was sonst nicht der Fall ist (38)."

Und wieder das Klingen der Karawanenglöckchen, die dumpfen, mahlenden Tritte der Kamelhufe im Staub, das Schweigen des weiten Landes ringsumher. Vorüber an den Potais geht es, jenen kleinen Pyramiden, die von den Chinesen als Wegzeichen errichtet wurden. Verfallene Häuser und Mauerreste sprechen von dem unablässigen Vordringen des Sandes gegen Süden, was wohl schon Jahrtausende währt. „Die Dünen der Takla-makan bedecken ohne Zweifel viele merkwürdige Dinge (3)", nicht zuletzt die Ruinen der alten Stadt Nasar, von der noch Trümmer, Ton- und Glasscherben, ja sogar Münzen und Ringe neben der Heerstraße zu finden sind.

Am 1. Januar wurde das Dörfchen Sang-uja passiert. Da die Luft ausnahmsweise einmal klar war, zeichneten sich vor dem südlichen Himmel die fernen Bergketten des Kun-lun, des mächtigsten Gebirges der Erde, mit ihren glitzernden Schneefeldern ab, gegen Norden die grellgelben Dünen der Takla-makan. Die Oase Chotan, deren drei Ortschaften schon zu einer Zeit bestanden, als das Tarimbecken noch keine Sandwüste war, gehört seit 1879 zum Chinesischen Reich. Ihre Hauptstadt Iltschi wird von einer alten, halb zerfallenen Lehmpyramide überragt. Im wenige Kilometer westlich gelegenen Dorfe Borasan wurden eine Menge Terrakotten, Gemmen, bronzene Buddhabildnisse und Münzen zutage gefördert, die darauf schließen lassen, daß dieser Ort schon in sehr alter Zeit ein Mittelpunkt hoher Kultur gewesen ist. Damals kannte man hier bereits das zweihöckerige asiatische Kamel, nicht aber das arabische Dromedar. Indische Buddhisten, Achämeniden, Perser, Araber und viel später auch Chinesen haben jener Kultur ihre Züge aufgeprägt, doch die Ursprünge liegen im Dunkeln. Man sieht unter den Skulpturen Greife, die dem indischen Göttervogel Garuda gleichen. Heute sind solche Relikte mit einer dicken

Lößschicht bedeckt. Und die Sage berichtet, diese Stadt sei — wie so viele des Tarimbeckens, etwa die reiche Stadt Ho-lao-lokia weiter im Norden — samt allen Bewohnern ganz plötzlich durch einen Sandregen begraben worden. Aber wann dies geschehen sein soll, weiß heute niemand mehr.

Der Gedanke an das sagenhafte Königreich Tu-ho-lo in der Takla-makan und seine begrabenen Städte ließ Hedin nicht ruhen. Er wandte sich deshalb von Chotan gen Norden, dem Flusse Jurun-kasch folgend, und gelangte zum Dorf Tavek-kel, dessen Oberhaupt Togda Bek ihn merkwürdigerweise nicht einlud, unter seinem eigenen Dach als Gast zu weilen, wie es hier sonst der Brauch ist, sondern dem Forscher ein leerstehendes Haus anwies. Hier heuerte Hedin zwei mit der Wildnis vertraute Männer an; sie sollten ihn zu jener verschütteten Stadt führen, die zwischen dem Jurun-kasch und dem Kerija-darja inmitten der Wüste liegt.

Die Häuser dieser „Takla-makan" genannten Stadt waren nicht, wie sonst landesüblich, aus Stein, sondern aus Pappelholz erbaut gewesen. Noch hatten sich da und dort auf dem Kalkputz der Wände kunstvolle Malereien erhalten; sie stellten Frauen und Männer von indischem oder arischem Typ dar, sowie Hunde, Pferde, auf hohen Wellen sich wiegende Schiffe, was hier — mitten in Asien — besonders auffällig erschien, kunstvolle Ornamente und Lotosblumen. Hedin grub Papiere mit unbekannten Schriftzeichen aus, Reliefbilder aus Gips, eine Radachse, Scherben von Tonkrügen, Holzschrauben, einen Mühlstein aus Porphyr. Wann war diese Stadt bewohnt gewesen? Von welchem Volk? Weshalb und zu welcher Zeit war sie verlassen worden? Das Stadtgebiet erstreckte sich über neun bis sechzehn Quadratkilometer und war einst von dem seither ostwärts verlagerten Kerija-darja durchflossen gewesen, was allein schon ihr hohes Alter zu beweisen scheint.

Am Kerija-darja, den man ohne Zwischenfälle erreichte, nach Norden ziehend, traf Hedin zwar eine Unmenge Wild an — Hasen, Füchse, Wildschweine, Rehe, Hirsche — sowie auch Spuren von zahmen Schafen in den dichten Pappelwäldern und verdorrten Kamischgestrüppen der Ufer, jedoch keine Menschen. Schließlich stieß man doch noch auf eine große Schafherde, deren Hirten in tiefster Einsamkeit leben, ohne jede Berührung mit der übrigen Welt. Von den Hirten vernahm der Forscher einiges über eine andere Ruinenstätte, die — eine Tagereise nordwestlich vom Fluß liegend — bei ihnen Kara-dung, „Schwarzer Hügel", genannt wurde. Sie glich offenbar in allem der Stadt „Takla-makan", nur daß sie bedeutend kleiner und obendrein nicht so gut erhalten zu sein schien wie jene.

Je weiter man nach Norden gelangte, desto schmaler wurde der Fluß, um zuletzt ganz und gar unter einer Eisdecke im Sand zu versickern. Der Urwald lichtete sich nach und nach und ging allmählich in die Wüste über. Diese Region am unteren Kerija-darja, die bisher kein Abendländer betreten hatte, war die Heimat der wilden Kamele, deren Spuren sich überall zeigten, während man sie selbst kaum je zu Gesicht bekam. Schnell wie der Wind, scheuen sie den Menschen und selbst ihre zahmen Artgenossen, die sie sogleich als solche erkennen. Nach manchem fruchtlosen Versuch wurde dann doch noch eines der Tiere von Kasim erlegt. Hedin selbst hat niemals ein wildes Kamel geschossen, denn — so erklärte er: „Erstens bin ich kein Jäger, ein Fehler, der doch stets den Vorteil hat, daß die Zeit zu wichtigeren Dingen angewendet werden kann, zweitens bin ich kurzsichtig, so daß das Wild entflieht, ehe ich es überhaupt erblickt habe, und drittens würde ich, selbst wenn ich Jäger wäre, es wahrscheinlich nicht über mich gewinnen, auf ein so edles Tier, wie es das wilde Kamel ist, einen Schuß abzufeuern (3)." So wie er später in dem seinen Hunden gewidmeten Buch oder in seinem Roman „Tsangpo Lamas Wallfahrt" (17) eine große Liebe, ein tiefes Verständnis für alle Geschöpfe Gottes bekundete, verrät sich schon hier ein wahrhaft humaner Geist, weit entfernt von jenem dubiosen Spruch des Alten Testamentes, der dem Menschen die unbedingte Herrschaft über alle anderen Wesen auf Erden zuerkennt.

Wieder einmal wurde das Wasser knapp. Aber am 20. Februar 1896, einen Tag nach Hedins Geburtstag, erblickte man am nördlichen Horizont eine dunkle Linie über den Dünen. Der Wald! Die Urwälder am Tarim ... Die Gefahr des Verdurstens war gebannt, wenn auch noch mehr als vierundzwanzig Stunden verstrichen, bevor man im dichten Gestrüpp eine von Eis überkrustete Mulde mit süßem Wasser fand.

Die weite Niederung zwischen dem Salzfluß Atschik-darja und dem Ugen-darja, zwei Armen des Jarkent-darja, der hier auch Tarim heißt, wurde Kara-dasch, der „Schwarze Tümpel", genannt und war mit Urwald bedeckt. Vom Dorfe Schah-jar, der „Terrasse des Königs", ging nun die

---

Den frommen Tibetanern genügte es nicht, nur einfach zu beten; sie benutzten vielmehr, wie diese tibetische Frau in Bodnath, ein Gerät, die Gebetsmühle, deren Trommel lange Papierstreifen mit religiösen Formeln enthält.

Tänze haben in Tibet religiöse Bedeutung. Die Tibetaner schmücken sich, wie hier die Trewa in der Gegend von Lhasa, sorgfältig und tanzen in ihren alten Trachten viele Stunden lang zu Ehren der guten Götter oder um böse Geister zu vertreiben.

Oftmals war Hedin zugegen, wenn die Tibetaner bei einem Gömpa, einem lamaistischen Heiligtum, das sich hier in einem modernen Zelt befindet, zusammenkamen, um der Gottheit zu huldigen.

Vereiste Pässe, tief verschneite Täler und nie zuvor erstiegene Bergkämme, wie hier Co-Oyu und Goachankang in Tibet, mußte Hedin bei seinen winterlichen Entdeckungsreisen durch Himalaja und Transhimalaja überwinden.

Reise nach Osten, reizte es Hedin doch am meisten, das Rätsel des Lop-nor zu lösen. Das Lop-nor-Problem hatte seit langem die Gemüter der Geographen erregt. Auf der Asienkarte d'Anvilles erscheint der Lop-nor zum ersten Mal, und zwar auf 40,5 Grad nördlicher Breite, was auch mit den Berichten früher chinesischer Reisender übereinstimmt. Man hielt ihn für einen großen, tiefen, von den Schmelzwassern des Tien-schan gespeisten See, bis Prschewalskij auf seiner zweiten Reise feststellte, daß der Lop-nor nicht nur sehr viel weiter südlich liegt als bisher angenommen, sondern auch sein Wasser aus dem Tarim erhält. Hatte d'Anville, hatten die chinesischen Geographen sich so sehr geirrt oder war der See nach Süden gewandert? Letzteres glaubte von Richthofen annehmen zu dürfen. In einer Gegend, so meinte er, wo der Boden mit Salzen gesättigt sei, müsse zudem ein solcher See, wie übrigens auch der Tarim, sehr salzhaltiges Wasser führen; dies aber sei, nach den Beobachtungen Prschewalskijs, durchaus nicht der Fall. Und so machte Hedin sich jetzt voller Erwartung auf den Weg, entschlossen, dem Geheimnis auf die Spur zu kommen.

Diese Wüstenreise von einundvierzig Tagen hatte ihm eine Fülle neuer Erkenntnisse eingetragen. Nicht nur hatte er die Überreste alter Städte gefunden und damit den Wahrheitsgehalt märchenhafter Überlieferungen bewiesen, er hatte auch den bis dahin völlig unbekannten Kerija-darja kartographisch festgelegt und nebenher wertvolle Beobachtungen über die Lebensweise von Hirtenstämmen gemacht, deren Existenz niemandem in Europa bekannt gewesen war. An eine Reise zum Lop-nor aber hatte er nicht gedacht, als er vor drei Monaten Kaschgar verließ; in keiner Hinsicht war er darauf vorbereitet. Weder besaß er eine Karte vom Lop-nor-Gebiet, noch trug er seinen großen chinesischen Paß bei sich — dieses wichtige Dokument lag wohlverwahrt bei seinem Gepäck in Chotan —, noch verfügten er und seine Begleiter über Sommerkleidung. Allein, einmal am Tarim, dünkte es ihn unerläßlich, den Lauf des Stromes nun auch bis zu dessen Ende zu verfolgen.

Auf dem Weg durch die Urwälder hörte er wiederum von einer versunkenen Stadt tief im Inneren der Sandwüste südlich vom Arka-darja; sie wurde Schar-i-köttek, die „Stadt im toten Walde", genannt. Von Korla aus, das man am 10. Mai erreichte, wurde ein Abstecher nach Kara-schahr

---

Über das Kara-korum-Gebirge mit seinen gefährlichen Pässen und mächtigen Gletschern, wie etwa dem Batura-Gletscher hier, führte die alte Karawanenstraße von Indien nach Ostturkestan.

Hart und karg war das Dasein der Bergbewohner in Tibet. Immer wieder im Laufe ihrer Geschichte mußten sie sich räuberischer Eindringlinge aus Nord und Süd, aus Ost und West erwehren. Dies prägte nicht nur ihren Charakter, sondern auch ihre Wohnstätten, die oftmals Burgen glichen.

am Bagrasch-köll gemacht, einem der größten Seen Innerasiens, dessen hydrographische Verhältnisse es zu erforschen galt. Hier erhielt Hedin vom Statthalter Hven Darin auf guten Glauben hin einen für diese Provinz des Himmlischen Reiches gültigen Paß. Während er noch den See und dessen Umgebung untersuchte, war der in Korla zurückgebliebene Islam Bai von chinesischen Soldaten arg verprügelt worden, weil er geglaubt hatte, als russischer Untertan nicht verpflichtet zu sein, das auf einer Stange umhergetragene Bildnis des Kaisers Kuang Tsü grüßen zu müssen. Hedin trat, entgegen seiner sonstigen Gewohnheit, in diesem Falle höchst energisch auf, und so wurde der Soldat öffentlich bestraft.

Unter den drei Wegen, die von Korla nach Südosten führten, wählte Hedin den am wenigsten begangenen durch die Sand- und Steinwüste. Hier stieß er auf die Ruinen zweier alter chinesischer Forts sowie auch auf eine Reihe von Potais, jener wegweisenden Pyramiden, was ihn glauben ließ, es handele sich um eine ehemalige Heerstraße. Sie verlief sich aber zuletzt im Sand. Doch — wohin hatte sie geführt? Zum Lop-nor vermutlich, der ehemals dort lag, wo sich heute hohe Dünen erheben.

Tatsächlich ergoß sich der den Bagrasch-köll durchfließende Kontschedarja nach seiner Vereinigung mit dem Tarim in einen langgestreckten, aber ganz und gar mit Schilf zugewachsenen See, der — den alten Karten entsprechend — auf etwa 40,5 Grad nördlicher Breite liegt, verschiedene Namen trägt und sich von Norden nach Süden erstreckt. Abgestorbene Pappeln an seinem östlichen Ufer bis weit in die Wüste hinein ließen vermuten, dies sei früher ein großer, von den vorwiegend aus Nordost wehenden Sandstürmen nun aber fast zugeschütteter See gewesen, eben jener Lop-nor d'Anvilles. Dieser See, wie auch alle übrigen Gewässer des Tarimbeckens, ist fortwährenden Veränderungen unterworfen, und der heutige Lop-nor, weit im Südosten, der eigentlich Kara-koschun heißt, demnach nichts anderes als ein mit Schilf bewachsener Sumpf, durch den einige Kanäle führen. Marco Polo berichtete von einer Stadt Lop-nor, welche am südlichen Knie des Tarim gelegen haben mag; einen See, wie er doch wohl jedem Wüstenwanderer ins Auge fallen muß, erwähnte er nicht. „In der Nähe des Fischerdorfes Kum-tschappgan stehen wir sozusagen an der Grabtür des Tarimflusses. Hier spricht die mächtige Wüste Gobi, gegen die Menschenkraft und Wassermassen nichts ausrichten können, das unerschütterliche Urteil aus: Hier sollen deine stolzen Wogen enden (3)!"

Hedin hatte somit das Lop-nor-Problem bis zu einem gewissen Grade gelöst und von Richthofens Theorie erhärtet. Nachdem er sich noch einige Tage am Kara-koschun umgeschaut hatte, wurden die Kamele verkauft und durch Pferde ersetzt, weil er beabsichtigte, so schnell wie möglich am Tschertschen-darja aufwärts und dann am Fuße der südlichen Bergketten hin nach Chotan zurückzukehren. Allein, in Tscharchlik drohte dieser Plan zu scheitern. Der dortige chinesische Statthalter verwehrte ihm unter dem

Vorgeben, ein Aufstand der Dunganen drohe, und vor allem auch, weil Hedin den großen chinesischen Paß nicht vorzuweisen vermochte, den Durchzug nach Westen; ja, er drohte, als der Forscher auf seinem Vorhaben bestand, ihn festnehmen und nach Urumtschi schaffen zu lassen, wenn er nicht auf dem Wege zurückkehre, auf dem er gekommen sei.

Was tun? Vier Monate auf bekannten Wegen durch Urwald und Wüstensand, dies obendrein in der Sonnenglut des Sommers, obwohl Chotan sich auf der südlichen Route über Tschertschen in einem Monat erreichen ließ? Nein! Hedin war entschlossen, sich nicht zu fügen. Bevor es jedoch zu seiner Verhaftung kam, suchte ihn der Kommandeur der Garnison, Schi Darin, ein hochgebildeter Mandarin, auf. Dieser Mann war ein Freund und Dolmetscher von Richthofens gewesen, und außerdem hatte er einiges über Hedins Abenteuer in der Takla-makan vernommen. Nun regelte sich alles zur vollsten Zufriedenheit des Forschers, denn ohne die Zustimmung des Kommandeurs vermochte der Statthalter nichts gegen ihn zu unternehmen.

In Eilmärschen zog der Reitertrupp auf der südlichen Karawanenstraße am Kun-lun-Gebirge entlang nach Chotan, wo Hedin am 27. Mai wohlbehalten, aber doch recht ermüdet, anlangte und im Hause des reichen Kaufherren Alim Achim Unterkunft fand. Aufs äußerste überrascht war er jedoch, als ihm noch am Tag seiner Ankunft ein großer Teil der in der Wüste verlorengegangenen Ausrüstung auf Befehl des Statthalters Liu Darin zugestellt wurde.

Die Sache verhielt sich so: Jener Kaufmann Jussuf, der den verschmachtenden Islam Bai am Ufer des Chotan-darja aufgefunden, hatte in Chotan dem Aksakal der westturkmenischen Kaufleute, Seid Achram Bai, den schwedischen Offiziersrevolver geschenkt und auf Befragen gestanden, die Waffe von Togda Bek, dem Dorfoberhaupt von Tavek-kel, erhalten zu haben. Der Bek, ehedem Jusbaschi im Heere Jakub Beks, galt als ein schlechter Kerl, dem alles zuzutrauen war. Deshalb gab der Aksakal den Revolver an Liu Darin weiter und schickte einen Spitzel nach Tavek-kel, der sich bei Togda Bek verdingte. Dieser Mann überraschte nun den Bek dabei, wie er sich im Verein mit Hedins Dienern Ahmed Mergen und Kasim Achun sowie auch den beiden Jägern Togda Schah und Jakub Schah, die den Forscher nach der versunkenen Stadt geführt hatten, mit Gegenständen zu schaffen machte, die nur einem Europäer gehört haben konnten. Unverzüglich ritt er nach Chotan und verständigte den Aksakal. Achram Bai begab sich eilends zu Liu Darin, und dieser setzte sogleich zwei Beamte und mehrere Soldaten nach Tavek-kel in Marsch, um die Sachen beschlagnahmen zu lassen.

Inzwischen hatte der Bek jedoch Lunte gerochen und zog, um sich reinzuwaschen, mit den Dienern, Jägern und Gegenständen nach Chotan, wo er die Sachen als „gefunden" ablieferte. Es folgte ein strenges Verhör. Die drei Jäger — eben jene, die damals vergeblich nach dem Todeslager in der Wüste gesucht hatten — gaben an, im Winter seien sie einer Fuchsfährte tief hinein in die Wüste gefolgt; sie hätten an einer Stelle verstreutes Mehl gefunden und dort das vom Sand völlig bedeckte Zelt ausgegraben. Von den beiden Toten und den Hühnern sei nichts zu sehen gewesen. Die geborgenen Ausrüstungsstücke hätten sie nach Tavek-kel gebracht, sich dann aber von Togda Bek überreden lassen, alles zu verstecken, das Brauchbare zu behalten, den Rest jedoch heimlich zu verkaufen.

Deshalb also hatte Togda Bek die Reisenden nicht in sein Haus eingeladen; deshalb waren Kasim Achun und Ahmed Mergen am Kerija-darja so schweigsam gewesen, sobald die Rede auf das Unglück in der Wüste kam. Liu Darin begab sich in eigener Person nach Tavek-kel, um dort mit äußerster Genauigkeit und Strenge Gericht zu halten. Beim Verhör stellte sich heraus, daß Gegenstände im Werte von mehr als 2.000 Mark bereits verkauft worden waren. Einige Instrumente, die Apotheke, die Fotoapparate, den Petroleumkocher sowie mehrere Kisten Zigarren erhielt Hedin zurück. Die Jäger, einfache, biedere Burschen, schworen beim Barte des Propheten, sämtliche Funde ausnahmslos an Togda Bek abgeliefert zu haben, während dieser behauptete, das Fehlende hätten die Jäger gestohlen. Da blieb nur die Folter, um die Wahrheit an den Tag zu bringen. Hedin indes widersetzte sich dem, „denn die chinesische Tortur hinterläßt die Delinquenten als Krüppel, und die Tage, die die armen Gefangenen in Erwartung ihres Urteils verlebt hatten, waren wenig beneidenswert (3)". Liu Darin verurteilte daraufhin beide Parteien dazu, dem Forscher den Wert der verschwundenen Gegenstände mit 2.300 Mark zu ersetzen. Es gelang Hedin, wiewohl nicht ganz ohne Mühe, den Betrag auf 460 Mark herunterzuhandeln, meinte doch Liu Darin, ein tüchtiger Denkzettel tue den Dieben not, sonst würden die Räubereien in der Gegend überhandnehmen. Die Ehrlichkeit und Gerechtigkeitsliebe dieses Mannes versetzte nicht nur Hedin in Staunen, sondern hatte schon vordem in Urumtschi und Peking Aufsehen erregt. Eben jetzt war er seiner Verdienste wegen zum Statthalter in Jarkent ernannt worden und stand im Begriff, nach dorthin abzureisen.

Hedin ruhte sich den folgenden Monat über in Chotan aus; er schrieb eine Menge Briefe, ordnete seine Notizen, zeichnete die Kartenskizzen ins Reine und bereitete die Reise nach Tibet vor. Außerdem verfaßte er für von Richthofen einen Bericht über die Untersuchungen am Kerija-darja und Lop-nor. An die 2.000 Kilometer rund um das Tarimbecken, zum Teil durch völlig unbekannte Gegenden, hatte er zurückgelegt und dabei Erkenntnisse gewonnen, die nicht nur für die geographische Wissenschaft, sondern auch in wirtschaftlicher und politischer Hinsicht zukunftsweisend werden sollten. Nun aber verlangte ihn heim. Ob er ahnte, welche Abenteuer und Prüfungen ihm noch in Tibet, dem geheimnisvollen, verschlossenen Land der Dämonen und lebenden Götter, bevorstanden?

Durch das unbekannte Tibet

Schritt um Schritt kämpfte sich der lange Zug von Menschen und Tieren auf schmalem Saumpfad die Schlucht hinan. Gleich einer unersteigbaren Mauer ragten die schroffen, zum Teil mit einem Eispanzer bedeckten Hänge des Arka-tag vor den Wanderern auf, düster, abweisend, drohend, so als hüteten sie unerhörte Geheimnisse. Und — war es nicht so? In früheren Zeiten war es einigen verwegenen Reisenden tatsächlich geglückt, in das verschlossene Land einzudringen, ja sogar Lhasa zu erreichen — jenen Lazaristenpatres Huc und Gabet zum Beispiel. Aber zumeist waren es Missionare gewesen, oder Kaufleute, oder Abenteurer, denen es an wissenschaftlicher Vorbildung mangelte, so daß bei ihren Unternehmungen wenig mehr herausgeschaut hatte als phantastische Erzählungen, unglaubwürdig oft und verworren wie alle Mären. In neuerer Zeit jedoch war es keinem wirklichen Forscher gelungen, bis nach Lhasa, dem Sitz des lebenden Gottes, vorzustoßen, und vornehmlich die menschenleeren Einöden des nördlichen Tibet waren noch weitaus unbekannt, ungeachtet der Reisen, die Prschewalskij im Osten jener Region, Hauptmann Younghusband, Bonvalot und Prinz Henri von Orleans im Arka-tag, im westlichen Teil aber Hauptmann Grombtschewski durchgeführt hatten. „Während ältere Geographen und Entdeckungsreisende sich bei ihren Studien nur mit dem topographischen Aussehen oder höchstens noch mit den Relief- und Terrainverhältnissen der Erdoberfläche beschäftigten, fordert die moderne Geographie von ihren Jüngern, daß sie sich eine so tief wie möglich gehende Kenntnis der genetischen Ursachen der gegenwärtigen Plastik der Erdoberfläche und des inneren Zusammenhanges der Bergketten und ihrem Verhältnis zueinander, ihres Alters und ihrer Entstehung aneignen. In dieser Beziehung sind in Hochasien noch große Fragen zu lösen . . . Ungeheure Lücken trennen die bisher untersuchten Gebiete voneinander (3)."

Solche Lücken zu schließen, war Hedin am 29. Juni 1896 von Chotan ausgezogen. Seine Karawane, die sich nun anschickte, den nahezu 5.000 Meter hohen Paß zu ersteigen, bestand aus sieben erfahrenen Dienern unter Befehl des bewährten Islam Bai, siebzehn Tagliks, wie man die Bergbewohner dort nennt, einundzwanzig Pferden, neunundzwanzig Eseln, sechs Kamelen, allesamt schwer beladen, zwölf Schafen als Proviant, zwei Ziegen und drei Hunden. Eigentlich hatte er vom Dorf Dört Imam Sebulla im Tale des oberen Kerija-darja zum Hochland aufsteigen wollen, aber die Wogen des vom sommerlichen Schmelzwasser angeschwollenen Flusses füllten brausend die Schluchten und machten die Wege unpassierbar für Mensch und Tier. Am Fuße der himmelhoch aufragenden Bergketten hin weiter nach Osten ziehend, erkundigte Hedin sich überall nach einem begehbaren Paß, jedoch immer vergebens, lag ja den Chinesen wenig daran, Fremde in die Geheimnisse des von ihnen beanspruchten

Landes einzuweihen, während die Tagliks und die Tibeter ihre Unabhängigkeit den Chinesen sowohl als auch allen anderen Fremden gegenüber eifersüchtig zu bewahren trachteten.

Nun hatte Hedin in Kopa von Tokkus-davan, den „neun Pässen", gehört und sich entschlossen, hier den Aufstieg zum Hochland zu versuchen. Der Hauptpaß Dalai-kurgan war 4.922 Meter hoch. Und noch hatte man an diesem ersten Augusttag seine Höhe nicht erreicht, als auch schon alle Teilnehmer der Expedition unter der Bergkrankheit schwer zu leiden begannen. Erst als der Paß bereits überschritten war, stellte sich heraus, daß es einen bequemeren, aber verborgenen Übergang gibt, den die Tagliks mit Absicht vor den Fremden geheimgehalten hatten.

Diese Bergbewohner erwiesen sich von Anbeginn als höchst unzuverlässige Gefährten. Zwei von ihnen machten sich schon gleich in der ersten Nacht, die man im Hochland verbrachte, mit dem Handgeld davon. Und es war nur ein Glück für Hedin, daß er auf ihre Kenntnis des Landes nicht angewiesen war, hatte er doch den zwar schon sechzigjährigen, aber überaus zähen und erfahrenen Parpi Bai als Führer auf dieser Reise zu gewinnen vermocht. Parpi Bai kannte die Gegend zwischen den beiden Ketten des Arka-tag einigermaßen, weil er schon die Forscher Carey, Dalgleisch, Bonvalot, Prinz Henri von Orleans, Dutreuil de Rhins und Grenard bei ihren Vorstößen ins Unbekannte begleitet hatte.

Nachdem der Paß bezwungen worden war, wurde das erste Lager am Flusse Mitt in einer völlig unbewohnten Gegend aufgeschlagen. „Wir hatten jetzt das unbekannte und unbewohnte Nordtibet vor uns, und zwei Monate sollte es dauern, bis wir wieder mit Menschen in Berührung kamen. Hier verbrannten wir unsere Schiffe und hatten das angenehme Gefühl, außerhalb des Bereiches aller chinesischen Mandarine zu sein (3)." Dafür gab es jedoch andere Sorgen. Ringsumher erhoben sich gewaltige, unübersteigbare Gebirgszüge mit eisglitzernden Gipfeln wie Wächter vor den Toren der Ewigkeit. Und wovon sollten Menschen und Tiere leben, wenn die Vorräte zur Neige gingen? Und wo wäre Hilfe zu finden, wurde einer der Reisenden krank? Schon klagten sie ja alle über Kopfschmerzen, Ohrensausen und Schwindel. Parpi Bai erzählte, wie von den Tieren Bonvalots eines nach dem anderen den Strapazen erlegen sei. Und mußte nicht auch, ganz abgesehen von der Kälte dieser großen Höhen und der dünnen Luft, mit verheerenden Stürmen gerechnet werden?

Paß folgte auf Paß. Hinauf und hinunter wand sich die Karawane durch das pfadlose Gebirge. Als man die Ufer des Karamuran erreichte, wurden fünf der Tagliks abgelohnt und zogen eilends heimwärts, überzeugt, daß keiner der übrigen mit dem Leben davonkommen werde. Bevor noch die Hauptkette des Arka-tag überschritten war, kündeten sich die künftigen Leiden durch einen furchtbaren Schnee- und Hagelsturm an, dessen eisige Kälte die festeste Kleidung durchschnitt. Die ersten Tiere fielen und blieben sterbend zurück, während man Stunde um Stunde bergan keuchte und sich schließlich vor Erschöpfung gezwungen sah, auf dem keinen Schutz bietenden Paß in 5.291 Meter Höhe zu kampieren. Alle Leute sind äußerst niedergeschlagen. Islam Bai, die Seele der Karawane, erkrankte ernstlich. Das Lager glich einem Krankenhaus, und Hedins Sorge wuchs: Sollte sich hier die Katastrophe der Takla-makan wiederholen? Die Marschunfähigen zurücklassen oder umkehren — das war die Frage. Nein! Ein Zurück gab es für ihn nicht. Aber — brachte nicht jeder vergeudete Tag den Winter mit seiner unerträglichen Witterung und den gewaltigen Schneefällen näher? Und noch lagen Tausende von Kilometern vor ihnen. Bald war das Brennmaterial verbraucht, und so mußte man sich in einer Gegend, wo es weder Baum noch Strauch, noch Yakdung gab, ohne Lagerfeuer und warmes Essen behelfen. Ungeachtet all solcher Ängste und Mühen gelang es Hedin doch, eine vollständige Kartographierung des Weges vorzunehmen, die Temperaturen von Luft und Wasser zu messen, den Verlauf und Zusammenhang der bis dahin unbekannten Gebirge festzustellen — Arbeiten, fast übermenschlich für einen zu Tode ermatteten Wanderer.

Die bei der Karawane verbliebenen Tagliks baten um Auszahlung der Hälfte ihres Lohnes. Hedin tat ihnen den Willen, obschon nicht einzusehen war, was sie in dieser Wildnis mit dem Gelde beginnen wollten. Am Morgen des 19. August entdeckte man dann freilich, daß sie allesamt während der Nacht entwichen waren. Obendrein hatten sie zehn Esel und zwei Pferde mitgehen heißen sowie auch einen Teil der Vorräte an Brot, Mehl und Mais. Die Flucht war also geplant gewesen. Hedin indes dachte nicht daran, die Deserteure so ohne weiteres entkommen zu lassen. Parpi Bai mit zwei Bewaffneten folgte zu Pferde ihren Spuren, ereilte sie bei Anbruch der Nacht und brachte sie gebunden samt ihrem Raub ins Lager zurück. Das Geld wurde ihnen wieder abgenommen; auch mußten sie von ihrem Lohn den Ausfall für drei verlorene Tage vergüten, und jeder von ihnen wurde außerdem mit zwölf Schlägen bestraft. „Die Gerichtsszene war zum Malen. Die Männer standen, in ihre Pelze gehüllt, stumm vor der Zelttür, vom Monde und vom Schein meines Lichtes schwach beleuchtet. Sie strafen zu müssen, war kein Vergnügen; aber sie hatten es verdient, und daß es ihnen guttat, zeigte sich später, denn ihre Aufführung wurde tadellos (3)."

Im weiträumigen Längstal zwischen den beiden Gebirgsketten des Arkatag gab es auf einer Höhe von mehr als 5.000 Metern über dem Meer eine Reihe meist kleiner, abflußloser, selbst im Sommer zugefrorener Seen, die ihr Wasser aus den Berglabyrinthen zu beiden Seiten erhielten. Die Landschaft belebte sich hier mit Rudeln flinker Kulane, jener edlen Wildesel, die Hedins Bewunderung durch ihre Anmut, Kraft und Klugheit erregten, sowie auch mit Jurga-Antilopen. Herden rabenschwarzer Yaks grasten an den Hängen. Dort, wo sie auf den Seen freies Wasser fanden, sammelten sich Schwärme von Möwen. Ein gewaltiger Berg, mehr als 7.000 Meter hoch, reckte, die Blicke der Wanderer auf sich ziehend, sein blendend weißes, eisglitzerndes Haupt über alle anderen Gipfel der südlichen Kette empor. Hedin taufte ihn nach seinem Freunde und Förderer König Oskar. An diesen Riesen schlossen sich gegen Osten weitere hohe, schneebedeckte Bergzüge an, die, obwohl sie düster und abweisend dreinschauten, von den Tagliks gleichsam zum Spott als Koko-schili, „Grüne Hügel", bezeichnet wurden.

Zuletzt — die Lage begann nun schon recht gefährlich zu werden, weil ein Tier nach dem anderen zu Boden stürzte, um nicht wieder aufzustehen, und die übrigen sich mit schwindenden Kräften nur mehr mühselig fortschleppten — erreichte man am 18. September einen großen, von hohen Bergen eingefaßten See, dessen Wasser blauschwarz schillerte. Ein einsamer Bär, der am Ufer saß und sich nur gemächlich vor den geifernden Hunden trollte, war das einzige Zeichen von Leben in dieser beschneiten Einöde. Mehr als drei Tage verstrichen, bevor man den See im Westen umrundet hatte, immer wieder heimgesucht von brausenden Schnee- und Hagelstürmen. Unter den aufgehäuften Schneemassen fanden weder die Menschen Brennmaterial, noch die Tiere Futter. Von allen, die ausgezogen, waren jetzt nur mehr neun Pferde, fünf Kamele, drei Esel und die Hunde übrig. Hedins Reitpferd, das ihm seit drei Jahren treu und klaglos gedient, fiel beim Aufstieg zum Paß, als er sich am 27. September über die nördliche Arka-tag-Kette wiederum nach Norden wandte, um in das wärmere Zaidambecken zu gelangen.

Auf jener Paßhöhe kündete ein Obo die Nähe von Menschen an, eine locker geschichtete Steinpyramide, besteckt mit Stangen, von denen bunte Tuchfetzen flatterten als Gruß und Dank für die Götter. Drei Tage später gelangte man in ein breites, mit Gras bewachsenes Tal, dessen Ende sich in aufrauchenden Nebeln verlor. Hier fand sich wieder ein Obo, bestehend aus großen, geglätteten Schieferplatten, auf denen die heiligen Worte „Om mani padme hum" — O du Kleinod in der Lotosblume — mit tibetanischen Schriftzeichen eingeritzt waren. Wahrscheinlich bezeichnete dieses Mal den Weg der Pilger nach Lhasa. Man näherte sich nun wohl, im Tale abwärts ziehend, wärmeren bewohnten Gegenden. Und so verhielt es sich in der Tat. Eine große Kulanherde weidete am Bergeshang. Islam Bai versuchte, einen der Esel zu erlegen, traf aber nicht, und erblickte gleich darauf einige Yaks, die sich gar nicht um die Jäger kümmerten. Als auch hier sein dritter Schuß danebengegangen war, kam von irgendwoher eine Frau herbeigerannt; sie schrie und fuchtelte mit den Armen, denn die Yaks waren zahm. Die Freude der Reisenden war unbeschreiblich. Nach fünfundfünfzig Tagen völliger Einsamkeit hatte man nun endlich wieder das Land der Menschen erreicht.

Hier, in Mössöto, wie der Lagerplatz hieß, machte Hedin für mehrere Tage Rast und begann Mongolisch zu lernen. Der Besitzer der Yaks, ein Mongole, Dortsche mit Namen, fand sich bereit, die Reisenden über den

4.356 Meter hohen Paß Jike-tsohan-namen nach dem Zaidam zu führen, was der schmalen, schwindelerregenden Pfade wegen nicht ganz ungefährlich war. Wieder einmal entging Hedin, als sein Pferd auf dem nassen, lehmigen Boden eines Saumpfades ausglitt, nur um Haaresbreite dem Sturz in die Tiefe. Man begegnete mongolischen Yakjägern; sie zogen ins Gebirge hinauf, um sich für den Winter mit Fleisch zu versehen. Von ihnen wurde der Forscher zum ersten Mal vor den tangutischen Räubern gewarnt, die jene Gegenden unsicher machten.

Die Berge traten zurück; eine grenzenlose Ebene — der Zaidam — tat sich vor den Reisenden auf. „Bei diesem Anblick erfaßte einen beinahe Schwindel, wenn man sich, wie wir, so lange zwischen lauter Bergen aufgehalten hat. Wandte man sich im Sattel um, so sah man die gewaltige Bergkette mit ihrem schneebedeckten Kamm. Die Entfernung und nicht ganz klare Luft bewirkten, daß sie sich wie eine einzige Wand zu erheben schien, in der nicht einmal die Talmündung, die wir eben verlassen hatten, deutlich zu unterscheiden war (3)." Am Rande der Sandwüste, die sich nach der Mitte des Zaidambeckens in Salzsümpfen verliert, schlug man das Zelt zwischen den Jurten des Mongolenlagers Jike-tsohan-gol auf und blieb bis zum 11. Oktober bei diesen ebenso interessanten wie freundlichen Nomaden. Die Reise nach Lhasa, so meinten die Mongolen, dauere zwei Monate; bis nach Si-ning-fu seien es dreiundvierzig Tagesmärsche; man möge sich nur vor den Tanguten hüten, denn erst vor kurzem hätten sie ein Lager der Naidschin-Mongolen überfallen und sämtliche Pferde geraubt. Des Menschen ärgster Feind ist der Mensch! War man den tausend Gefahren der Wildnis entronnen, um nun der Raublust bösartiger Menschen zum Opfer zu fallen?

In Eilmärschen ging es ostwärts. Am 26. Oktober legte die Karawane 39 Kilometer zurück und erreichte den nördlichen Rand des Zaidambeckens. Die letzten Tagliks waren schon in Jike-tsohan-gol abgelohnt worden. Hedin sehnte sich nach der Heimat. Aber noch stand ihm ein letztes Abenteuer, die Begegnung mit Räubern, bevor. Am 1. November geschah es. Die Karawane zog am Fuße niedriger Berge hin über eine mit einzelnen Tamarisken und Saksaulsträuchern bestandene Talebene, als Islam Bai und der mongolische Führer, die vorausgeritten waren, in vollem Galopp zurückgejagt kamen, dicht gefolgt von einem Dutzend Tanguten. Man griff zu den Waffen, brachte die Tiere hinter einem Gestrüpp in Sicherheit und stellte sich auf der Kuppe eines Hügels auf. Die Mohammedaner zitterten vor Angst. War nicht Dutreuil de Rhins zweieinhalb Jahre zuvor unter den Augen Parpi Bais bei Tam-budda von Tanguten ermordet, waren nicht Prschewalskij und Roborowskij ebenfalls in dieser Gegend angegriffen worden? Die Lage war ernst. Sollte die Karawane und mit ihr die mühsame Arbeit so vieler Jahre hier vernichtet werden? Hedin war entschlossen, sich seiner Haut zu wehren. Die Tanguten hingegen schienen sich angesichts der blinkenden Gewehre ihrer Sache nicht eben sicher zu sein; sie verhielten in respektvollem Abstand, und nach lebhafter Beratung zogen sie sich zurück, verfolgten aber die Karawane tagelang, strichen nachts um das Lager, wobei sie das Geheul der Wölfe nachahmten, und suchten den Reisenden Hinterhalte zu legen.

So gelangte man durch die Weidegründe der diebischen Banga-Mongolen schließlich zum Tsagan-nor, dem „Weißen See". Hier aber waren es nun wirklich Wölfe, die nachts um das Lager heulten. Schnee fiel; der Winter nahte. Die Landschaft erschien verödet und menschenleer. Man durchzog eine Ebene, auf der acht Monate zuvor 20.000 aus Si-ning-fu geflüchtete Dunganen gelagert und eine Menge Schafsschädel und -knochen, Filzlumpen und anderen Unrat hinterlassen hatten. Überall erblickte Hedin von nun an die Verheerungen des Dunganenaufstandes.

Die Dunganen, vermutlich Nachkommen der Uiguren, waren dem Kaiser von China untertan, doch verachteten sie als Mohammedaner die heidnischen Chinesen zutiefst und lehnten es ab, sich unter deren Herrschaft zu beugen. Immer wieder hatten sie sich gegen die Söhne des Himmlischen Reiches erhoben, mit einem Mut, einer Tatkraft, die Bewunderung verdient. Im Dezember 1894 kam es zu einem neuen Aufstand, der, vom Distrikt Salar ausgehend, auf weite Teile des Reiches, vor allem aber auf Stadt und Provinz Si-ning-fu übergriff. Mehr als 50.000 Chinesen und ebenso viele Dunganen fielen; ungeheuerliche Grausamkeiten wurden auf beiden Seiten verübt. Und als Hedin in Si-ning-fu einritt, waren nicht nur die abgeschlagenen Köpfe mohammedanischer Anführer noch in Holzkäfigen am Stadttor zu sehen und allüberall die Verwüstungen des Bürgerkrieges, sondern man spürte auch den noch unter der Oberfläche alltäglichen Lebens unentwegt fortschwelenden Haß.

Die weitere Reise zum Koko-nor, dann über Lusar, wo er das berühmte Kloster Kum-bum besuchte, und bei scheußlichem Winterwetter durch die Wüsten Ala-schan und Ordos brachte für Hedin wenig Neues. „Peking war das Ziel und der Endpunkt meiner Reise durch Asien, und der Leser kann sich vielleicht denken, mit welchen Gefühlen ich durch das Südtor der Mandschustadt einzog (3)." Er wurde mit größter Liebenswürdigkeit vom russischen Botschafter empfangen und fand schon eine Wohnung für sich bereit. Zwei Tage vergingen indes, bevor er sich mit Hilfe emsiger Schneider in einen Menschen der Zivilisation zurückverwandelt hatte. „Dann machte ich bei den Gesandten Besuch und wurde überall mit ausgesuchter Gastfreundschaft aufgenommen. Doch Jahre der Einsamkeit unter wilden und halbwilden asiatischen Stämmen gehen an einem Europäer nicht spurlos vorüber. Ich wurde der Feste schnell überdrüssig, kam ich mir doch in den glänzenden Kreisen, die mich umgaben, gar zu linkisch vor und fand, daß der Übergang von den Einöden der Wüste Gobi, von Tibet und Zaidam zu den europäischen Salons viel zu schroff war (3)."

Er kürzte deshalb seinen Aufenthalt in Peking ab, reiste mit einem chinesischen Postkarren in sausender Fahrt durch die schier grenzenlosen Randsteppen der Gobi über Urga, wo er sich von seinem treuen Gefährten Islam Bai trennte, nach Kiachta und von dort, nur noch begleitet von seinem Hund Jolldasch, in Tarantas oder Schlitten über Baikal, Irkutsk nach Kansk, dem damaligen Endpunkt der transsibirischen Eisenbahn. Während der neun Tage und Nächte im Zug fand er Muße, das Erlebte zu ordnen, das Erreichte abzuwägen. Und so manche Erfahrung, die er in seinem Reisebericht (3), der Ende September des folgenden Jahres erschien, nicht erwähnt wird, mag dazu beigetragen haben, seine Ansichten über Welt und Menschen, wie sie in späteren Jahren begeisterte Zustimmung bei den einen, heftigen Widerspruch, ja sogar Haß bei anderen erregten, zu formen.

So viele unterschiedliche Völkerschaften hatte er gesehen, hatte sie in ihrem Ringen um Existenz und Freiheit erlebt, hatte über ihren Charakter, ihre Glaubensvorstellungen, ihre Vergangenheit und ihre Zukunft nachgedacht und hierdurch eine geistige Bereicherung erfahren, eine seelische Vertiefung seiner angeborenen Menschlichkeit ebenso wie einen politischen Weitblick, welche weit über das Maß der daheimgebliebenen Europäer hinausreichten. Ein Danäergeschenk, wenn man bedenkt, wie schlecht es die Masse der Menschen erträgt, daß einer sich geistig über sie erhebt. Der Wissenschaft hatte er große Dienste geleistet. 10.498 Kilometer seines Weges, davon 3.250 Kilometer durch bis dahin völlig unbekannte Gebiete, hatte er kartographisch aufgenommen und damit zu erheblichem Teil das Gesicht der asiatischen Sphinx entschleiert. Aber noch blieb so mancher weiße Fleck, der mit Gebirgen, Flüssen, Seen auszufüllen war, noch blieb Lhasa zu besuchen, die geheimnisvolle Stadt des lebenden Gottes. Noch blieb ... Nun, man würde ja sehen! Schon formten sich neue Pläne. Jene 33.000 Mark, auf die er die Reise veranschlagt hatte, hatten nicht ganz gereicht, und so hatte er, um seine Leute zu entlohnen, in Peking noch einen Kredit von 4.400 Mark aufnehmen müssen. Das ganze Unternehmen war also auf 37.400 Mark gekommen — eine geringe Summe, gemessen an den Ergebnissen und an dem Nutzen, den — andere daraus zogen.

„Am 10. Mai 1897 sah ich die Türme und Häuser von Stockholm vor mir auftauchen. Und schön war es, den Fuß wieder auf heimatlichen Boden setzen zu können, nachdem ich drei Jahre und sieben Monate lang durch Asiens Wüsten gewandert war (3)."

Zweitausend Kilometer auf dem Tarim

Dem Lebenslauf bedeutender Menschen scheint eine besondere, von ihrem eigenen Willen unabhängige Dynamik innezuwohnen. Ist einmal das Ziel erkannt, der Weg betreten, so treibt es sie fort, unaufhaltsam, aber folgerichtig, ob sie selbst es nun wünschen oder nicht.

Kaum hatte Hedin nach dreieinhalbjähriger Wanderung durch Asiens Wüsten am Kai von Skeppsbron wieder schwedischen Boden betreten, als auch schon die bunte, wirbelnde Welt der Zivilisation ihn in ihre Strudel riß. Er, der an die große Einsamkeit und Stille asiatischer Einöden gewöhnt war, er, der es verdient hatte, auszuruhen, fand sich genötigt, hier Besuche zu machen und dort, bei König Oskar zunächst, seinem Souverän und Freund, der ihm das Ritterkreuz des Nordsternordens mit Brillanten verlieh, bei Freunden dann, bei Verwandten, Bekannten, Geldgebern. Vorträge mußten gehalten werden — in Stockholm, in Kopenhagen, in St. Petersburg, in Berlin, Leipzig, Hamburg, Frankfurt am Main, Gießen, Wien, London, Paris, sie alle verbunden mit langen Diskussionen, Lobreden, Banketten. Ehrungen regneten auf den bescheidenen Forscher herab, und man erwartete selbstverständlich von ihm noch größere Taten, noch wildere Abenteuer, während er sich doch die Zeit geradezu abstehlen, so manche Nachtstunde zu Hilfe nehmen mußte, um am Schreibtisch seines stillen Heimes die Ergebnisse seiner mühevollen Tätigkeit in Büchern und Karten niederzulegen. Weltberühmt war er geworden, aber solche Berühmtheit, die recht zu genießen er nicht mehr jung genug, sie zu belächeln, er noch nicht alt genug war, erlegte ihm höchst lästige Verpflichtungen auf — Verpflichtungen von unterschiedlichster Art; sein Werk gehörte der ganzen Menschheit, er selbst jedoch mit Herz und Seele seinem Heimatland: „Zuerst und zuletzt ist mein Streben darauf ausgegangen, Schweden Ehre zu machen", sagte er in einer Rede vor den Studenten der Universität Lund. „Die Liebe zum Vaterland ist eines der Bande, die am stärksten binden, und deswegen bin ich nicht Kosmopolit geworden ... Ein jeder von Ihnen kämpfe für Wahrheit, Recht und Vaterland (38)." Eine Lebensmaxime, die ebenso gefährlich wie großartig erscheint zu einer Zeit, da sich in der zivilisierten Welt die Negierung traditioneller Werte bereits drohend anzukündigen beginnt, die aber nichtsdestoweniger, von einem Vielerfahrenen ausgesprochen, nicht nur für das schwedische Volk, nein, für jedes Kulturvolk überhaupt, gegenwärtig mehr denn je Gewicht und Bedeutung hat.

Am 24. April 1898 wurde Sven Hedin von der Geographischen Gesellschaft in Stockholm mit der VEGA-Medaille ausgezeichnet. Wiederum hatte sich ihm ein Jugendtraum erfüllt. Doch nun hieß es für ihn, sich dieser Auszeichnung auch in Zukunft wert zu erweisen. Um die gleiche Zeit etwa schloß er mit Albert Brockhaus in Leipzig einen Vertrag über sein Buch „Durch Asiens Wüsten" (3), der ihn um 10.000 Mark reicher machte und eine lebenslange Freundschaft mit diesem hervorragenden Mann und bedeutenden Verleger einleitete.

Eine neue Reise ins Innere Asiens wurde, längst geplant, nun von Hedin mit größter Umsicht vorbereitet. Diesmal fiel ihm die Beschaffung der erforderlichen Geldmittel leichter. König Oskar zeigte eine offene Hand; die Familie Nobel zeichnete 6.500 Rubel, der Zar gab ihm zwei Kosaken bei und gewährte ihm samt Gepäck und Begleitern freie Bahnfahrt durch das ganze Russische Reich. Alles in allem betrug sein Reisekapital jetzt 40.000 Kronen. Seine wissenschaftliche Ausrüstung war vortrefflich. Heiter und hoffnungsreich lag die Zukunft vor ihm. Aber — so fragten sich Eltern und Freunde besorgt — nach Tibet? Lohnte es sich denn wirklich, die unglaublichen Mühen und Gefahren in jener entlegenen, unwirtlichen, jedem Abendländer verschlossenen Welt von neuem auf sich zu nehmen? Wie würde ein so gewagtes Unternehmen enden?

Ja — wie? Hedin wußte es nicht. Und ebenso wenig ahnte es Islam Bai, der an jenem 14. Juli 1899 „hochgewachsen und prächtig, sicher und ruhig, im blauen Ehrenkleide, auf der Brust die goldene Medaille, die ihm König Oskar verliehen (35)“, auf dem Bahnsteig von Andischan, dem damaligen Endpunkt der Zentralasiatischen Eisenbahn, seinen Herrn erwartete.

Und wieder das unablässige Klingen der Karawanenglocken, der Wechsel von Hitze und Kälte, die stille Einsamkeit menschenleerer Bergwildnis ... Über Osch, wo Hedin seinen alten Freund aus Pamirskij Post, den nunmehrigen Oberst Saizeff, als Distriktchef und Herrn über 175.000 Landesbewohner wiederfand, geht es nach Kaschgar, das am 16. August erreicht wird. Wie schon zuvor, läßt es der Generalkonsul Petrowskij auch diesmal nicht fehlen an Rat und Tat. Anfang September steht die Karawane, begleitet von zwei Kosaken, zum Abmarsch bereit.

Sie sollte, so sah es der Plan vor, nach Lailik am Jarkent-darja ziehen; von dort wollte Hedin im Boot den Jarkent-darja oder Tarim hinabfahren, während die Tiere mit dem großen Gepäck auf der alten Heerstraße über Maral-baschi, Ak-su, Korla ihren Weg nach Osten nehmen und sich im Lop-nor-Gebiet wieder mit ihm vereinigen sollten. Ähnliches hatten die Leute von Lailik und Merket nie zuvor erlebt. Hedin war ihnen seit seiner unheilvollen Wüstenreise kein Fremder; sie trauten ihm alles mögliche zu. Doch als er nun eine alte, elfeinhalb Meter lange Fähre sowie ein kleineres Fahrzeug und mehrere Boote kaufte und für die Flußreise auf dem Tarim herrichten ließ, da war des Staunens kein Ende. Was mochte der Fremde damit im Sinne haben? Hedin erklärte es ihnen: Niemand kannte den Lauf und Charakter des Tarim genau. Nie zuvor war eine Karte von diesem Strom gezeichnet worden. Die Wege, die seinem Laufe folgten, berührten nur selten die Ufer. Und so war dieser größte Fluß Innerasiens mit seiner Fauna und Flora, seinen topographischen und hydrographischen Eigentümlichkeiten der Wissenschaft bis dahin gänzlich unbekannt geblieben.

Am 17. September hieß es: Leinen los! Auch die Kamelkarawane befand sich schon auf dem Marsch. Von den Kemitschi, den Bootsleuten, mit langen Stangen getrieben, glitten die Fahrzeuge auf den Fluß hinaus, der sie fast 2.000 Kilometer weit nach Osten tragen sollte, vorüber an Wäldern, Sümpfen und Ebenen, über Stromschnellen und durch Schilfdickichte. Die dem Forscher nur zu wohl bekannte Silhouette des nördlichen Marsa-tag kam in Sicht. Hedin, unausgesetzt mit dem Zeichnen von Karten, mit Beobachtungen und Untersuchungen aller Art beschäftigt, fand diese Art zu reisen viel bequemer, als wenn er sich auf einem Flußdampfer befunden hätte, wäre nur nicht die beständige Sorge gewesen, daß das Wasser fallen könnte und die Fahrzeuge dann auf Untiefen steckenblieben. Auch mußte man damit rechnen, daß der Fluß bei Beginn des Winters vereisen würde.

Die zahlreichen Abenteuer dieser ungewöhnlichen Fahrt hat Hedin in zwei Büchern (5; 35) ungemein fesselnd, wiewohl bescheiden untertreibend, geschildert. Daß es sich nicht um eine gemütliche Kahnpartie handelte, zeigt die schier unglaubliche Menge und Vielfalt seiner wissenschaftlichen Untersuchungen. Langsam, aber stetig glitt die Flottille dahin, bestaunt von den Bewohnern der Ufer. Einsame Hirten, die des Nachts die Fähre mit ihrem weißen Zelt und der schwarzen Hütte am Heck durch den Schein ihrer Lagerfeuer vorübergleiten sahen, entsetzten sich bei diesem Anblick, da sie das Gebilde für ein mythisches Ungeheuer halten mochten, und ergriffen die Flucht.

Vom Fluß aus machte Hedin zu Fuß einen mehrstündigen Abstecher nach der Paßhöhe des Tschokka-tag hinauf, um seine vor fünf Jahren von diesem Gebiet aufgenommene Karte zu vervollständigen. Vom Paß her schweifte der Blick bis hinüber zum Südufer jenes Sees, an dem er am 23. April 1895 gelagert hatte, bevor er ins Sandmeer eingedrungen war, nicht ahnend, daß Not und Tod in der Takla-makan seiner harrten. Die Erinnerung daran bedrückte ihn noch immer: „Ich sah ihn so deutlich vor mir, den alten redlichen Karawanenführer Mohammed Schah, wie er sterbend nach Wasser rief, als ich ihn für immer verließ, den Kopf in den glühenden, erstickenden Sand bohrte, als wolle er sich an ihm, diesem verräterischen, tückischen Getränk, satt trinken ... Und ich, der ich all dieses Elend verursacht hatte, war frisch und gesund und erinnerte mich jener Tage nur als einer flüchtigen Episode meines Lebens (35)."

Am 30. Oktober wurde die Mündung des Chotan-darja passiert, wo Hedin damals am 5. Mai 1895 nach langer, banger Wüstenwanderung das rettende Wasser gefunden. Und so trieben die Fähren den breiten unbekannten Strom hinab, Stunde um Stunde, Tag für Tag. Die Geschwindigkeit der Strömung nahm immer mehr zu. Mit schwindelerregender Eile glitt das Fahrzeug zwischen hohen Steilufern dahin.

Mitte November begann sich, wie vorausgesehen, eine dünne Eisdecke auf den stilleren Strecken des Flusses zu bilden. Aber noch lag ja ein langer Weg vor den Reisenden. Deshalb mußte nun am Tag zwölf Stunden lang gefahren werden. Der Landschaftscharakter ändert sich. Die Uferwälder machen hohen, kahlen Sanddünen Platz, die sich bei Tokkus-kum, den „Neuen Dünen", bis zu 60 Meter hoch auftürmen. Während der Nächte pflegt sich nun ein Eispanzer um die ruhenden Boote zu bilden, der jeden Morgen zerhackt werden muß, bevor man weiterfahren kann. Wie lange noch, und jede Bewegung auf dem Wasser wird gänzlich unmöglich geworden sein.

Bei Karaul erlebt Hedin die Freude, seinen alten Führer Parpi Bai, der ihn 1896 durch die Einöden Nordtibets geleitet hatte, wiederzutreffen. Es verstand sich von selbst, daß der Alte sogleich in Dienst genommen wurde. Aber am 7. Dezember war es dann mit der Flußfahrt endgültig aus. Eine mächtige Eisbrücke lag wie ein Riegel quer über den Strom. Zum Glück befand sich die vorausgeschickte Karawane ganz in der Nähe bei Jangi-köll. Fähren und Boote wurden in einem kleinen Naturhafen festgemacht, dicht daneben Zelte, Schilfhütten sowie Ställe für die Pferde errichtet. Ein festes Winterlager entstand, das von den Nomaden der Umgegend häufig besucht wurde und sich zu einem richtigen Dorf auswuchs.

Hier hätte Hedin in Ruhe die Ergebnisse seiner Untersuchungen ordnen und auswerten können. Allein, die unbekannte, nie von einem Europäer betretene Sandwüste im Süden war es, die ihn unwiderstehlich lockte. Er beschloß, obschon die Einheimischen ihm abrieten, sie bis zum Dorf Tatra am Tschertschen-darja zu durchqueren — eine Strecke von 285 Kilometern. Der unverwüstliche Islam Bai und drei seiner Leute begleiteten die kleine, aus nur sieben Kamelen, einem Pferd und den beiden Hunden Jolldasch und Dowlett bestehende Karawane.

Man brach am 20. Dezember bei heftigem, eisigem Südweststurm vom Lager bei Jangi-köll auf, um sich bald in einem unübersehbaren Meer hoher, kahler Dünen zu verlieren. Als nach sieben mühevollen Marschtagen wieder einmal das Wasser knapp zu werden begann und Hedin schon befürchtete, das in der Takla-makan erlebte Unheil könne sich hier wiederholen, stieß man mitten im öden Sandmeer auf einen Fleck Erde, der Weide und Wasser bot — keinen Tag zu früh, denn schon war eines der Kamele vor Erschöpfung gefallen und sterbend zurückgelassen worden.

Aller Schwierigkeiten und Sorgen ungeachtet genoß Hedin das stille, beharrliche Ringen mit den Kräften der Natur: „Wie werden doch unter ‚zivilisierten Verhältnissen' die Tage von lauter Bagatellen zerrissen, wie wird unsere geistige Lebenskraft und Energie von eingebildeten, kleinlichen Interessen zernagt, die wie Vampyre unser Blut aussaugen. Es ist zu schön, weit entfernt zu sein von der jämmerlichen Klugheit, die die Alltags-Tretmühle in Gang setzt, und nichts von Neid, Klatscherei und Verleumdung zu hören, die der Unternehmungslust ebenso sicher folgen, wie die Delphine dem Kielwasser eines Schiffes, und die in Kreisen auftauchen, wo man es am wenigsten erwarten sollte und wo ideales Streben und Nationalstolz den Ehrenplatz einnehmen müßten (35)."

Der Tschertschen-darja wurde am 8. Januar 1900 glücklich erreicht und damit ein weiterer weißer Fleck auf der Karte Innerasiens ausgelöscht. Der 24. Februar sah die Karawane wieder im Lager bei Jangi-köll. Eine Reise von etwa 500 Kilometern nach Osten, die Hedin am 5. März mit einer kleinen Karawane unternahm, löste das Lop-nor-Problem endgültig — und zwar im Sinne von Richthofens. „Das Tarim-System mit seiner Tendenz, nach Osten zu wandern, war beschrieben und erklärt; zehn Punkte waren astronomisch bestimmt und vierundzwanzig Kartenblätter gezeichnet (38)." Obendrein hatte Hedin inmitten der Wüste eine jener alten Städte entdeckt, die in den Sagen der Landeseinwohner spuken. Wassermangel hinderte ihn jedoch daran, die vom Sand verschütteten Relikte einer versunkenen Kultur eingehender zu untersuchen. Auf der ganzen Reise mit ihren Abstechern und Wüstenwanderungen wurden 13.996 meteorologische Beobachtungen durchgeführt. Das astronomische Tagebuch enthielt 180 Seiten, die Karte 300 Blätter. An mehr als 150 Stellen des Tarim hatte er Tiefenlotungen vorgenommen, ganz nebenbei Hunderte von Aufnahmen gemacht, was damals nicht ganz so einfach und schnell vonstatten ging wie heute.

Und als nun Hedin im Juni, nach einer Fahrt von sechs Wochen, das letzte Stück Weges auf dem Tarim hinter sich gebracht und damit die Forschungen in diesem Gebiet abgeschlossen hatte, zog es ihn unwiderstehlich nach den kalten, weltentlegenen Hochländern Tibets, wo neue, ganz einzigartige Aufgaben und Erlebnisse auf ihn warteten. „Was hast Du denn in Tibet zu suchen?" schrieb ihm der alte Freund des Hauses, Henrik Westin, empört. „Wünschest Du, daß Deine ehrenwerten Eltern und Geschwister ihre Tage in Angst verleben sollen, in dem Gedanken daran, daß Du dieselbe Tortur erleiden wirst wie der unglückliche Engländer (Henry Savage-Landor), der geradeso unnötig nach Tibet hineinging ... Was willst Du in einem Lande tun, wo Du so viele und schwere Gefahren läufst (38)?"

Aufbruch zur Reise ins Ungewisse: Hedin (rechts), sein Kosak Schagdur und der alte erfahrene Karawanenführer Parpi Bai sind im Begriff, die Oase Chotan zu verlassen, um in das unerforschte Nordtibet einzudringen.

Hedins Karawane, ein langer Zug schwerbeladener Kamele, windet sich durch das weglose Dünenmeer der Wüste Gobi. Wasser und Futter für so viele Tiere zu beschaffen, ist das Hauptproblem. Nur wenige von ihnen werden die Reise überstehen.

Nach der verbotenen Stadt

Während all der Jahre, die Sven Hedin im Herzen Asiens verbracht, hatte ihn insgeheim der eine Gedanke nicht ruhen lassen, ja, war nachgerade zur fixen Idee geworden: Lhasa!

Vor etwa einem halben Jahrhundert hatten die französischen Lazaristenpatres Régis Évariste Huc und Joseph Gabet die heilige Stadt des Dalai Lama, des „Ozeanpriesters", erreicht, und Hedin kannte natürlich nicht nur den abenteuerlichen Reisebericht Hucs (41), sondern er hatte auch alle erhältlichen Informationen über Lhasa gesammelt.

Geographisch, wie auch auf anderen Gebieten der Wissenschaft, war die Gegend um Lhasa noch immer terra incognita. Geschichte, Verwaltung, der Charakter und die Sitten der Bewohner jenes sonderbaren, von der Welt abgeschlossenen Kirchenstaates waren nur zum Teil bekannt und stellten deshalb eine beständige Herausforderung an die abendländische Forschung dar.

Seit der Zeit, da der erste tibetanische Großkönig Srong Tsen Gampo die chinesische Prinzessin Wen Tschang geheiratet und den chinesischen Buddhismus mit dem uralten Bönpo-Kult verschmolzen hatte, betrachteten die Herrscher des Himmlischen Reiches der Mitte Tibet als ihr ureigenstes Einfluß-, wenn nicht gar Herrschaftsgebiet. Der fünfte Dalai Lama, der als Wahrzeichen seiner ewigen Macht auf einem Felsen bei Lhasa den gen Himmel ragenden Palast Potala hatte erbauen lassen, erklärte nicht nur sich selbst, sondern auch den einflußreichen Abt des Klosters Taschi Lunpo bei Schigatse, den Pantschen Lama, zur lebenden Gottheit. Die Folge war bis in jüngste Zeit eine verderbliche Zweiteilung der Macht, deren sich die Chinesen immer wieder nach dem Prinzip des divide et impera listig bedienten. Die Ambane — Statthalter — der Mandschu-Kaiser übten in Lhasa bestimmenden Einfluß aus. Ihrem Willen nicht gefügige oder aus anderen Gründen nicht genehme Dalai Lamas wurden, manche schon im Kindesalter, durch Gift, Dolch oder Strick beseitigt.

Als die Engländer, nachdem sie Indien erobert, ihr Augenmerk auch auf Tibet zu richten begannen und sich mit dem Pantschen Lama in Verbindung setzten, wurde dieser nach Peking eingeladen und verstarb dort plötzlich unter geheimnisvollen Umständen. Tibet hingegen wurde zum „verbotenen Land" erklärt. Um die Mitte des vorigen Jahrhunderts trat nun als neuer Konkurrent im machtpolitischen Ringen um Tibet das mächtig sich ausdehnende Rußland auf den Plan. Weder von Briten noch von Russen wurde die Unabhängigkeit des Priesterstaates offiziell anerkannt

---

Sandstürme im Sommer, Schneestürme im Winter machen dem Wüstenwanderer das Leben zur Qual; Durst ist sein ständiger Begleiter. Oft werden die Kamele während der Nacht völlig eingeschneit.

und schon gar nicht die Oberhoheit der Mandschu-Kaiser. Englische Forscher suchten von Süden her, russische von Norden und Westen nach Tibet einzudringen. Die Tibeter wiederum hatten durch jahrhundertelange böse Erfahrungen gelernt, in jedem Fremden, mochten seine Absichten auch noch so redlich sein, einen Feind ihrer Freiheit und Lebensweise zu erblicken. Aus diesem Grunde war ja auch der Engländer Henry Savage-Landor unter schrecklichen Martern ermordet worden.

So standen die Dinge, als Hedin das Lager der Expedition im Frühjahr 1900 von Abdall an den schilfigen Ufern des Lop-nor oder Kara-buran zunächst nach den Quellen des Mandarlik und dann hinauf nach Temirlik, südlich vom Akato-tag, verlegte. Von hier aus wurden mehrere längere Exkursionen nach Süden, Westen und Osten unternommen mit dem Ziel, eine genaue Karte Nordtibets zu zeichnen. Wieder das altbekannte Lied von Bergkrankheit, Kälte, Hunger, Tod und gewaltiger Arbeitslast! „Die absolute Höhe war die ganze Zeit um 200 bis 500 Meter höher als der Gipfel des Montblanc ... Drei Monate in Nordtibet ist ungefähr das Maximum dessen, was man ohne Unterbrechung vertragen kann (38)."

Bei Anbruch des Winters wurde das Hauptlager wieder nach Tscharchlik verlegt. Anstatt sich jedoch die verdiente Ruhe zu gönnen, brach der Unermüdliche am 12. Dezember mit neun Mann, elf Kamelen und zehn Pferden zu einer neuen Reise auf. „Wie ich es auch anstelle, immer scheint mir die Zeit zu knapp, die Erde ist so groß, die Entfernungen sind gewaltig und die Kamele — Gott sei Dank — keine Lokomotiven (38)." Die Tiere versinken im eisigen Schlamm; der afghanische Jäger Aldat stirbt; ein Hohlweg durch die bizarren Lehmberge der Akato-tag-Kette muß streckenweise für die Tiere freigeschaufelt werden. Am Weihnachtsabend wird in einem weltentlegenen öden Hochtal des Astin-tag Rast gemacht. Hedin, den es zu dieser Stunde, da er seine Lieben im fernen Stockholm unter dem Tannenbaum versammelt weiß, nach menschlicher Nähe verlangen mag, vertraut seinem guten treuen Diener, dem Kosaken Schagdur, an, daß er Lhasa zu besuchen gedenke, und zwar verkleidet als mongolischer Pilger. Schagdur, obwohl als Burjate Buddhist, ist Feuer und Flamme für den Plan; am liebsten würde er unverzüglich aufbrechen nach der verbotenen Stadt. Hedin dämpft seinen Eifer: Zuvor müsse noch die Gobi von Süden nach Norden durchquert, die östlichen Ausläufer des Kurruk-tag, der „Trockenen Berge", erkundet und vor allem die Reste jener rätselhaften, im Sande versunkenen Stadt, die man im Vorjahr entdeckt hatte, eingehend untersucht werden.

Die Pferde wurden, da in der Wüste nicht brauchbar, nach Tscharchlik zurückgeschickt. Dann ging es von Chan-ambal aus nordwärts durch die Gobi oder Scha-mo und über die Höhen des Kurruk-tag nach Westen zum Altimisch-bulak, einer unbewohnten Oase am Fuße der Berge, deren Name „Sechzig Quellen" bedeutet. Am 19. Februar 1901 wurde der rettende Brunnen buchstäblich im letzten Augenblick erreicht, nachdem

Menschen und Tiere unter Durst furchtbar gelitten, die Kamele zwölf Tage lang nichts zu trinken bekommen hatten.

Von Altimisch-bulak südwärts ziehend, fand Hedin am 4. März zwar zunächst nicht die von ihm entdeckte Stadt, wohl aber die Ruinen eines größeren Ortes, die ein noch immer neun Meter hoher, zerfallener Lehmturm auf der Kuppe eines Hügels überragte. Mangel an Wasser zwang diesmal nicht zur Eile; man hatte sich an den „Sechzig Quellen" hinreichend mit Eis versehen. So blieb Muße, die Grundrisse zahlreicher aus Holz und Lehmgeflecht bestehender Häuser zu vermessen, im Schutt nachzugraben und neben kunstvollen Schnitzereien auch beschriebenes Papier sowie — der wichtigste Fund — ein mit unbekannten Schriftzeichen bedecktes Brett zu bergen. Aus diesen Urkunden, die später von den deutschen Sinologen Karl Himly und August Conrady entziffert wurden, ergab sich, daß der Ort Lou-lan geheißen und zwischen 264 bis 270 n. Chr. seine höchste Blüte erlebt hatte. Das ganze Gebiet, heute nichts als ödeste Wüste, muß damals ungemein fruchtbar gewesen sein, eine liebliche Gegend an den Ufern des einstigen Lop-nor mit wogenden Kornfeldern, schattigen Wäldern, von Kanälen durchzogenen Triften, volkreichen Dörfern und prächtigen buddhistischen Tempeln. „Und jetzt? Nur unzählige Grabmale dieser Herrlichkeit! Man kann sich kaum ein öderes Panorama denken als das, welches sich auf den Zinnen des Turmes vor dem Blick entrollt: Nicht eine Spur von organischem Leben in irgendwelcher Gestalt; die Gegend liegt so still und düster da wie ein Friedhof, der sich bis an den Rand des Horizontes erstreckt (35)." Und dies nur, weil der Tarim seinen Lauf verändert hatte, um weiter südlich die Seen und Sümpfe Kara-burun und Kara-koschun zu bilden, während der alte Lop-nor austrocknete und alles Leben in seiner Umgebung erstarb.

In Abdall, wo er am 3. April anlangte, erhielt Hedin durch ein Schreiben des schwedischen Gesandten in St. Petersburg die erste Nachricht vom Ausbruch des Boxeraufstandes in China. Der innere Zerfall der Mandschu-Herrschaft war durch die Großmächte rücksichtslos dazu mißbraucht worden, ihren politischen und wirtschaftlichen Einfluß in China auszuweiten, sich Vorrechte zu verschaffen, Flüsse und Häfen dem Welthandel zu öffnen, ganze Landstriche einfach zu annektieren, was alles auf eine Eroberung und Aufteilung des Reiches hinauszulaufen schien. Der hieraus entstehende Fremdenhaß, von der Geheimgesellschaft J-ho-t'uan, der „Vereinigung für Recht und Eintracht", fanatisch geschürt, führte zu wüsten Ausschreitungen gegen alle Europäer und zum Ausbruch des sogenannten Boxerkrieges, der mit der Besetzung Pekings durch ein Expeditionskorps der europäischen Großmächte endete.

Von all diesen Ereignissen hatte Hedin nicht einmal gerüchtweise erfahren, und so schlug er denn auch die gutgemeinten Warnungen, die sich an diese Mitteilung knüpften, leichtherzig in den Wind. Ihm ging es um Wissen, einzig und allein um Wissen, nicht um Eroberungen oder wirtschaftliche Einflußnahme. Aber — ahnte er nicht, daß er, der sich mit vollstem Recht für einen Pionier der Menschlichkeit hielt, daß er mit jeder mühevollen Arbeitsstunde, jeder tapfer bestandenen Gefahr, mit jedem Schritt vorwärts ins Unbekannte zugleich auch die Pfade trat, auf denen ihm Handlanger und Nutznießer des Wirtschaftsimperialismus nur allzu bald folgen würden? Ein Kind seiner Zeit, glaubte er zuversichtlich an die kulturelle Sendung des Weißen Mannes, an die großen Aufgaben der westlichen Zivilisation. Wir werden noch sehen, wie dieser kindliche Glaube eines redlichen Herzens Stoß um Stoß erlitt, ohne jedoch schwankend zu werden bis an sein Lebensende.

Die Arbeiten am Tarim und in der Scha-mo waren endgültig abgeschlossen. Der Sommer nahte. Hedin kehrte nach Tscharchlik zurück, um letzte Vorbereitungen für den gewagten Vorstoß nach Süden zu treffen, dessen geheimes Ziel Lhasa war. Der Bestand an Tragtieren wurde mit Hilfe Islam Bais auf 39 Kamele vergrößert, hinzu kamen 12 Pferde und 70 gemietete Maulesel. Alles Überflüssige, darunter auch die Sammlungen, Skizzen und unersetzlichen Tagebücher, wurde zusammengepackt und sollte unter Obhut Islam Bais nach Kaschgar befördert werden. Proviant für eine auf zehn Monate berechnete Reise wurde beschafft. Schagdur und Tscherdon, die beiden Kosaken, erhielten den Auftrag, unauffällig eine mongolische Ausrüstung für Hedin zu besorgen, denn nur als Mongole verkleidet durfte er hoffen, lebend nach Lhasa zu gelangen. Außer diesen Dingen brachte Schagdur aber auch noch den jungen, aus Urga stammenden Schereb Lama mit. Dieser Priester, der Hedins mongolische Sprachkenntnisse verbessern und ihn in den Glaubenslehren des Buddhismus unterweisen sollte, faßte bald großes Vertrauen zu seinem Herrn und zeigte sich gern bereit, die burjatischen Kosaken, die Lamaisten waren, nach Lhasa zu geleiten, nur dürfe kein „Russe" — so wurden die Europäer hier genannt — dabei sein, denn es könne ihn Kopf und Kragen kosten, wenn er den Geboten des Dalai Lama zuwiderhandele.

Am schwersten fiel es Hedin, sich von dem kaum entbehrlichen Islam Bai zu trennen. Seit fünf Jahren hatte ihm dieser treu gedient, war ihm durch Not und Tod gefolgt, hatte ihm so viele Beweise seiner Anhänglichkeit und Verläßlichkeit gegeben, daß er fast zum Freunde geworden war und ein anderer seinen Platz als Karawanenführer schwerlich in gleichem Maße auszufüllen vermochte.

Wie ein Donnerschlag traf es daher Hedin, als er von Schagdur und dem in Korla ansässigen Aksakal Chalmet unwiderlegliche Beweise erhielt, daß Islam Bai seine Machtstellung als Karawanenführer seit Jahren dazu mißbraucht hatte, nicht nur die Pferdehändler und Lebensmittellieferanten zu betrügen, sondern auch seinen Herrn. Hedin, zutiefst enttäuscht und betrübt, verständigte sogleich seinen Freund Petrowskij, den russischen Gesandten in Kaschgar, durch einen Eilkurier. Und als nun Islam Bai nichtsahnend mit seiner Karawane in Kaschgar eintraf, wurde er verhaftet, verhört, aber so lange wieder auf freien Fuß gesetzt, bis sein Herr aus Tibet zurückgekehrt sein werde.

Als Hedin am 16. Mai eben im Begriff stand, nach Tibet aufzubrechen, traf in Tscharchlik eine Karawane von zehn mongolischen Pilgern aus Tarbagatai ein. Daß sie einiges über die Absichten des Forschers erfuhren, ließ sich trotz aller Vorsichtsmaßnahmen nicht verhindern. Und selbst der Umweg, den Hedin machte, um argwöhnische Beobachter irrezuführen, erwies sich zuletzt doch als nutzlos, weil sich in einem so dünn bevölkerten Land wie Tibet, wo jeder Fremde auffällt und eine Neuigkeit mit Windeseile von Mund zu Mund weitergetragen wird, das Herannahen einer großen Karawane nicht verbergen läßt.

Und wieder sind da die Berge, himmelhohe, kahle, schroffe Gebirgszüge mit von Eis glitzernden Kämmen, einer hinter dem anderen sich auftürmend oder die öden, von eisigen Winden überbrausten Hochflächen gleich gigantischen Mauern säumend. Alles wie schon zu hundert Malen erlebt: Schnee- und Hagelstürme, die einem das Mark aus den Knochen saugen, die bange Suche nach Weidegründen und Lagerplätzen, sobald die Sonne sinkt, das schaurige Wolfsgeheul in den Nächten, die Schönheit der eisgepanzerten Gipfel im Morgenlicht, die mörderischen Aufstiege zu nie betretenen Pässen, blaue Seen inmitten tiefster Einsamkeit — Augen des Himmels ... Langsam schiebt sich der lange Zug — 30 Männer und 144 Lasttiere — durch das unbekannte, jeglichen Lebens bare Land. „Die Kosaken in ihren jetzt fadenscheinigen Uniformen mit den hinten auf dem Sattel festgeschnallten Pelzen, die Mohammedaner in ihren bunten Tschapanen und Fellmützen, die einer Landstreicherbande oder orientalischen Lumpenkerlen ähnelnden Eseltreiber und die Geistlichkeit, vertreten durch Rosi Mollah, den Korangelehrten, und Schereb Lama, der mir und Schagdur jetzt täglich die merkwürdigsten Geheimnisse verriet, die er in Lhasas heiligen Tempeln entdeckt hatte (35)."

Schereb Lama litt unter zwiespältigen Empfindungen, die sich aus der Verpflichtung seinem Glauben gegenüber und der Treue zu seinem Herrn ergaben. Hedin hatte es ihm freigestellt, die Karawane am See Ajag-kum-köll zu verlassen. Aber Schereb Lama war ein mutiger Mann. Er entschloß sich, wiewohl nicht ohne heftige Gewissensbisse, seinen Herrn zu begleiten, wohin es auch sei, sollte es ihn auch das Leben kosten.

Der Arka-tag wurde überstiegen. Die ersten Tiere fielen. Die Esel, ihre Treiber und drei Bediente wurden zurückgeschickt, weil man ihrer nicht länger bedurfte. Die dünne Luft der großen Höhen — 5.000 Meter über dem Meer — machte Menschen und Tiere krank. „Geleitet von den Skeletten, könnte man dem Weg der Karawane folgen; ein trauriger Weg, dessen Meilensteine aus gebleichten Knochen bestehen (35)." Fünf Kamele verendeten an einem Tag. Die Tränen der sterbenden Tiere griffen Hedin ans Herz, aber — weiter! Es gab kein Zurück. Südwärts ... Südwärts ... Wochen verstrichen so.

Am 10. Juli wurde die Karawane geteilt. Die maroden Kamele und Pferde sollten mit dem entbehrlichen Gepäck dem Trupp Hedins in kurzen, langsamen Tagesmärschen folgen. Aber — ob man sich wohl jemals wiedersah?

Eine Woche später stieß der Forscher auf ein Lager tibetanischer Yakjäger. Es gelang ihm jedoch nicht, mit ihnen in Verbindung zu treten. Sie hatten sich beim Erscheinen der unheimlichen Fremden eilends davongemacht. Das war ärgerlich und nicht ohne Gefahr, würden sie doch überall erzählen, was ihnen begegnet war, und die Folge würde sein, daß die tibetanischen Behörden in Hedin und seinen Begleitern feindliche Eindringlinge vermuteten.

Eine mächtige Bergkette versperrte den Weg nach Süden. Der einzige gangbar erscheinende Paß war von starren Gletscherzungen eingefaßt. Geduckt, keuchend vor Anstrengung, kämpfte man sich gegen einen heftigen Hagelsturm hinan, nur um dann zu sehen, daß es auf der anderen Seite noch höhere, noch schroffere Berghänge gab. Nach mehreren fruchtlosen Versuchen, einen Übergang über dieses Gebirge zu finden, gelangte man endlich doch an dessen Südseite hinab, traf weiter unten im Tal vortreffliches Weideland an und schlug hier ein festes Lager auf. An diesem Ort wollte Hedin sich von der Karawane trennen, um als mongolischer Pilger verkleidet mit Schagdur und Schereb Lama nach Lhasa vorzudringen. Ein verzweifeltes Beginnen! „Sind wir in fünfundsiebzig Tagen nicht zurückgekehrt", sagte Hedin zu seinem Kosaken Sirkin, der als Hüter des Lagers zurückbleiben sollte, „dann sind wir verloren, und dann gehst du mit der Karawane nach Tscharchlik und von dort nach Kaschgar (35)." Denn vor allem mußten ja die Karten und Aufzeichnungen in Sicherheit gebracht werden.

Nakktschu, eine Provinzhauptstadt, 220 Kilometer von Lhasa entfernt, mußte auf Schleichwegen umgangen werden, weil dort alle Pilger aus der Mongolei von den tibetanischen Behörden streng überprüft wurden. Hedin und seine beiden Gefährten hielten sich deshalb weiter südlich auf einer alten, nach Lhasa führenden, aber kaum mehr benutzten Karawanenstraße. Obwohl in weiter Runde kein Mensch zu erblicken war, wurden sie — wie sich später herausstellte — von Tibetanern entdeckt und während eines vollen Tages verfolgt und beobachtet, ohne daß sie das geringste bemerkten; und dann, im Dunkel einer sturmdurchtobten Nacht, wurden Hedins und Schagdurs Reitpferde gestohlen. Man fand die Spuren der Diebe am Morgen, doch verloren sie sich bald auf dem steinigen Boden. Nächtliche Besuche ähnlicher Art wiederholten sich; es war klar, daß die drei Pilger unausgesetzt unter Beobachtung standen. So hielten sie, jederzeit auf einen Angriff gefaßt, ihre Waffen bereit und wachten umschichtig während der dunklen Stunden.

Hedin atmete ein wenig auf, als sie ein Lager tibetanischer Yakjäger fanden und von diesen gastlich aufgenommen wurden. Indes, der Frieden trog. Am Abend des 5. August, unweit von Tso-nekk, dem „Schwarzen See", und etwa 270 Kilometer vom Hauptlager der Karawane entfernt, lagerten sie bei einem Dutzend tibetanischer Zelte an einem Ort, der Dschallokk hieß. Alles schien ruhig. Die Nomaden hockten an ihren Feuern, ohne sich viel um die drei Pilger zu kümmern. Frauen gingen ihren Verrichtungen nach; Kinder spielten mit Hunden und Lämmern. Und als sich nun drei Tibetaner dem Zelt der Pilger näherten, gingen Schagdur und Schereb Lama ihnen entgegen, um sie zu begrüßen.

Spät in der Nacht erst kommt Schagdur, kräftig auf russisch fluchend, zurück: Alles sei aus; man habe den Lama aufs strengste verhört und von einem Schwed-peling gesprochen. Der Lama, als auch er endlich heimkehrt, bestätigt das, ziemlich geknickt: Die Tibetaner wüßten, daß ein Schwed-peling, ein schwedischer Europäer, auf dem Wege nach Lhasa sei. Wenn man nichts zu verbergen habe, so hatten sie gefragt, warum sei man dann nicht der gewöhnlichen Pilgerstraße gefolgt, anstatt seinen Weg durch die Wildnis zu nehmen? Und wie könne er, ein Lama, es wagen, die unbekannten, verdächtigen Fremden in die Heilige Stadt zu geleiten? Ausflüchte nützten hier nichts. Schereb Lama hatte deshalb unumwunden zugegeben, jener Karawane anzugehören, doch habe deren Führer ihm und seinen beiden Gefährten erlaubt, Lhasa zu besuchen, während die übrigen Rast machten. Daraufhin habe der tibetanische Häuptling ihm geboten, vorerst nicht weiterzuziehen, sondern zu warten, bis er mit einem mongolischen Dolmetscher zurückkomme.

Schwed-peling ... Woher hatte der Tibetaner diese Bezeichnung? Wahrscheinlich doch wohl von jener Pilgerkarawane, mit der Hedin in Tscharchlik zusammengetroffen war. Früh am folgenden Morgen erschienen die drei Tibetaner wieder beim Feuer der Pilger. Einer von ihnen ersuchte Hedin, die schwarze Sonnenbrille abzunehmen, vermutlich des Glaubens, alle Europäer müßten blaue Augen haben. Nicht wenig erstaunt waren sie, als der Fremde sich als so dunkeläugig erwies wie sie selbst. Unter höflichen Reden ritten sie davon. Bald danach kam jedoch ein alter, hochgewachsener, hagerer Lamapriester mit drei säbeltragenden Soldaten zum Zelt und erklärte, nachdem er höflich gegrüßt, mit verblüffender Bestimmtheit: „Ihr müßt drei oder höchstens fünf Tage hierbleiben. Wir haben Kuriere an den Gouverneur von Nakktschu geschickt, um anzufragen, ob ihr weiterreisen dürft oder nicht. Entweder kommt ein Brief mit Verhaltungsbefehlen, oder es kommt der Gouverneur Kamba Bombo selbst; in jedem Falle seid ihr bis dahin unsere Gefangenen (35)!"

Eine Menge wild aussehender tibetanischer Soldaten versammelte sich um das Zelt; eine Gruppe von ihnen ritt in voller Karriere, Lanzen oder Säbel schwingend, auf die am Feuer sitzenden Pilger zu, teilte sich dann im letzten Augenblick und jagte zu beiden Seiten des Zeltes vorüber. Andere begannen mit ihren schwarzen Gabelflinten nach Scheiben zu schießen. Zuletzt, da es aufs neue zu regnen begann, ritten sie einfach davon. Was bedeutete das? Was hatten sie vor? Wollten sie ihre Gefangenen einschüchtern? Wollten sie gar das Hauptlager überfallen? Hedin war nicht wenig besorgt.

Der Besuch Kamba Bombos, des Gouverneurs von Nakktschu, brachte dann ein wenig Klarheit in die verfahrene Situation. Die geflüchteten Yakjäger waren es, die das Unheil verursacht hatten, indem sie die Behörden alarmierten. Man befürchtete in Lhasa, die geheimnisvolle Karawane Hedins sei nur der Vortrab eines riesigen, in den Bergen versteckten russischen oder englischen Eroberungsheeres. Kamba Bombo ließ einesteils keinerlei Zweifel darüber, daß es Hedin und die Seinen den Kopf kosten werde, wenn sie sich Lhasa noch weiter zu nähern wagten, zum anderen aber befleißigte er sich größter Höflichkeit. Die gestohlenen Pferde wurden ersetzt, ungefähr fünfzig Soldaten beauftragt, die Karawane zu begleiten und für kostenlose Lieferung von Nahrungsmitteln zu sorgen. Daß die Furcht der Tibetaner vor einem Invasionsheer keineswegs so ganz unbegründet war, bewies dann der Angriffskrieg der Briten, die Hedin mit mutiger Offenheit „herzlose Eindringlinge und Usurpatoren" nennt (35), im Jahre 1904, da der Union Jack über den Tempeln von Lhasa wehte und der Dalai Lama Zuflucht in der Mongolei suchen mußte.

Welche Haltung Hedin als Mensch jenen Ereignissen gegenüber einnahm, ist keine Frage; aber — wurde ihm, dem reinen Gelehrten und Menschenfreund, bewußt, welch zweideutige Rolle die Wissenschaft im machtpolitischen Ringen der Großmächte zu spielen begann? Was in Tibet geschah, konnte es sich nicht für jeden anderen kleinen Staat, für Dänemark, für die Niederlande, ja auch für Schweden oder für wen immer wiederholen? Ein Menetekel waren die Vorgänge um Tibet; und Hedin mit seinem weiten Blick über Länder, Völker und Zeiten hin, wie er den Daheimgebliebenen eben versagt ist, erfaßte dies und zog die nötigen Folgerungen daraus, was ihm dann von so manchem Zeitgenossen schwer verdacht worden ist.

Vierzig Soldaten geleiteten die Karawane auf demselben Wege zurück, den sie gekommen war. Am 20. August langte Hedin im Hauptlager an, insgeheim fest entschlossen, die Heilige Stadt dennoch zu betreten. Diese Absicht erwies sich freilich als im Augenblick nicht ausführbar. Mittlerweile war die Anwesenheit einer starken Karawane von Fremden im ganzen Lande bekannt geworden. Tibetanische Reitertruppen verlegten ihr den Weg nach Süden, nicht geneigt offenbar, zu verhandeln oder kampflos zu weichen. Blut vergießen wollte Hedin um keinen Preis; überdies war die Jahreszeit vorgerückt; winterliche Schneestürme drohten. Was aber den Ausschlag gab, daß er für dieses Mal auf einen Besuch in Lhasa verzichtete und sich statt dessen westwärts nach Ladak wandte, war die tiefinnere Überzeugung, daß die Tibetaner richtig handelten, wenn sie das „heilige Land der Bücher" vor allen Fremden verschlossen. Und so erklärte er den Abgesandten des Dalai Lama, dem Statthalter von

Namru — Hladsche Tsering — und dem von Nakktsong — Junduk Tsering —, beide Mitglieder des Dewaschung, des Heiligen Rates von Lhasa, die ihn am großen See Nakktsong-tso aufsuchten, „daß die von ihnen betriebene Absperrungspolitik die einzige sei, die ihr Land vor dem Untergang retten könne: Rings um Tibet herum, im Norden, Süden und Westen haben die Europäer die Staaten eurer Nachbarn entweder erobert oder sie von sich abhängig gemacht; euer Land ist das einzige in Asien, das ganz unberührt geblieben ist (35)". Man schied in herzlicher Freundschaft voneinander. Nur der arme Schereb Lama war tiefbekümmert; man habe ihn — so wurde ihm mitgeteilt — zu Lhasa in das „Buch der Verdächtigen" eingetragen, und er dürfe die Heilige Stadt nie mehr betreten.

Drei Monate währte der Marsch nach Leh, der Hauptstadt von Ladak. Vier Menschen waren auf dieser Reise umgekommen; von den vielen Tieren, die Tscharchlik vor einem halben Jahr gesund und munter verlassen hatten, waren nur mehr ein Pferd, dreizehn Kamele und fünf Maulesel am Leben. Und noch einen herben Verlust hatte Hedin zu beklagen: Jolldasch, sein Hund, der ihn auf langen Reisen durch Innerasiens Wüsten begleitet und auch in der Nacht zum 13. Dezember, nachdem man die Westgrenze Tibets überschritten, auf seiner Matte im Zelt geschlafen hatte, lief, wie gewohnt, beim ersten Sonnenstrahl aus dem Zelt, schnupperte in den Wind, jagte dann wie ein von der Sehne geschnellter Pfeil nach Osten in die Steppe und ward nie mehr gesehen.

Am ersten Weihnachtstag zog die Karawane in Leh ein. Von hier aus unternahm Hedin, nur von Schagdur begleitet, eine kurze Besuchsreise durch Indien, wo er als hochgeehrter Gast Lord Curzons, des Vizekönigs, vierzehn Tage in Kalkutta verweilte. „Wir gingen alle meine Karten durch, die ihn sehr interessierten. Er sagte, etwas Derartiges sei noch nie ausgeführt worden, und war ganz begeistert ... Er sprach mit Bewunderung von König Oskar, der mehr als irgendein anderer Monarch für die Vermehrung des menschlichen Wissens von der Erde getan habe (38)."

Am 5. April 1902 brach Hedin mit einer neuen Karawane von Leh nach Ostturkestan auf und erreichte über die männermordenden Pässe des Karakorum Kaschgar am 14. Mai. Von dort ging es über Osch, wo er mit dem völlig gebrochenen Islam Bai zusammentraf und veranlaßte, daß dieser sonst so treue Mensch mit einer Gefängnisstrafe von fünfzehn Tagen für seine Betrügereien davonkam, dann über Andischan und St. Petersburg mit Eisenbahn und Schiff in die Heimat. In Osch hatte Hedin sich von seinen übrigen Hunden trennen müssen, in Petrowsk von Schereb Lama und den Kosaken. Eine lange, an Mühen und Gefahren reiche Reise lag hinter ihm — reich an wissenschaftlichen Erkenntnissen, reicher vielleicht — was nicht in den drei darüber veröffentlichten Büchern (5; 6; 35) steht — an Erfahrungen und Einsichten, die sein Verhalten in kommenden Jahren entscheidend beeinflussen sollten.

Dreieinhalbtausend Kilometer durch Persien

Die ungeheure Dynamik im Leben Hedins ergab sich aus der Spannung zwischen zwei Polen — seiner Heimatliebe und seiner Wanderlust. Hatten ihn schon als Kind die unbekannten Fernen angezogen, so galt seine tiefste Liebe doch unveränderlich der Heimat und ihren Menschen, den Eltern, den Geschwistern und den Freunden. Jede seiner Reisen, so weit sie ihn auch führen mochte, war im Grunde eine Heimkehr nach Schweden. Und all sein Sinnen und Trachten war darauf gerichtet, Ansehen und Ehre des Vaterlandes zu vermehren. Eine kindliche, ja bisweilen fast einfältig anmutende Redlichkeit des Herzens verband sich in ihm mit scharfem Blick für Menschen und Zusammenhänge, mit durchdringendem Verstand, moralischem Mut, unbeugsamer Willenskraft — mit Eigenschaften also, die ihn den bedeutendsten Persönlichkeiten seiner Zeit an die Seite stellten, ihm ebenso aber auch Freundschaft und Vertrauen bei den wilden oder halbwilden Volksstämmen Asiens gewannen. Was als „diplomatisches Geschick" an ihm gerühmt wurde, war nicht Verschlagenheit, sondern eben diese absolute innere Redlichkeit, wie sie der einfache, noch unverbildete Mensch unter allen Himmelsstrichen sogleich intuitiv erspürt und durch Treue und Hingabe zu ehren pflegt.

Da nun Hedin den Heimatboden wieder betrat, wurde ihm von König Oskar der Adelstitel verliehen als „einem Manne, der seinem Lande Ehre gemacht". Die Art der Auszeichnung bedeutete ihm so wenig wie jener englische Orden einige Jahre später, der ihn zur Führung des Sir-Titels berechtigte, die Anerkennung durch König und Volk hingegen alles. Er war und blieb der einfache Sven Hedin, der in aller Welt hochgeachtete Sohn eines Landes, dessen Wohlfahrt ihm teurer war als der eigene Erfolg und Ruhm. So viele Gedanken hatten der Heimat und seinen Lieben gegolten, wenn er im einsamen Zelt dem Brausen der eisigen Stürme Asiens lauschte, und jeder Aufbruch zu neuen Fernen schloß schon die Freude eines Wiedersehens in sich. Was Wunder, wenn er mit tiefer Sorge den Lauf der weltpolitischen Entwicklungen betrachtete, in die auch sein Vaterland früher oder später mit hineingezogen werden würde?

Mit seinem geschulten Blick sah er schwere Stürme, unvermeidliche Gefahren nicht nur für sein Vaterland Schweden, nein, auch für das ganze Europa voraus — einmal die sozialen Umwälzungen innerhalb der zivilisierten Gesellschaften, die er für nicht verhinderbar hielt, zum anderen das zu einem Weltkrieg führende machtpolitische Ringen der Großmächte, bei dem die kleineren Nationen nichts anderes als nur Handlanger oder Opfer sein konnten. Während er noch in Europa umherreiste und Vorträge hielt oder an seinem Reisewerk „Im Herzen von Asien" (5) schrieb, wuchs schon unheilschwangeres Gewölk ringsumher am Horizont der Zukunft herauf. Das Zarenreich mit seinen unübersehbaren Menschenmassen wollte, nein, mußte einen Zugang zu den Weltmeeren, zum Welthandel gewinnen; es erweiterte seine Grenzen nach allen Seiten hin. Gegen Osten traf es auf China und Japan, gegen Süden auf England, gegen Westen auf die geballte Kraft des aufstrebenden Deutschen Reiches. Doch gab es in diesem ehernen Ring einige schwache Stellen — die Türkei und die Balkanstaaten im Südwesten, die kleinen Staatswesen Skandinaviens im Nordwesten. Für Hedin, dessen wissenschaftliche Bildung im Herzland Europas, in Deutschland, ihre Wurzeln hatte, in der Kultur eines Brudervolkes, das er achten und lieben gelernt, gab es nur einen Schutz vor der Bedrohung aus den Steppen Asiens — das Deutsche Reich!

Dergleichen Erwägungen berührten seine persönlichen Empfindungen freilich kaum. Er schätzte den Zaren, dem er so großen Dank schuldete; er liebte die Menschen Rußlands, deren Sprache er redete, in deren Palästen und Hütten er als Gast geweilt. Viele seiner treuesten Freunde waren Russen. Aber sie alle vermochten so wenig wie er selbst Einfluß auf den Lauf der Dinge zu nehmen. Was ihn am meisten beunruhigte, war die gefährliche Gleichgültigkeit und Blindheit seiner Landsleute der sich bereits deutlich abzeichnenden Bedrohung gegenüber. Schon mischten sich in seine wissenschaftlichen Vorträge politische Mahnungen. Als im Frühjahr 1904 der Privatdozent Otto Nordenskjöld, ein Neffe seines vielbewunderten Freundes Adolf, von einer abenteuerlichen Antarktisexpedition zurückkehrte, sagte Hedin in einer Festrede: „Es ist fürwahr erfrischend, auf einem Hintergrund von Tatenlosigkeit und Nichtigkeiten, an die man in unserer Zeit so gewöhnt ist, eine Tat zu sehen, wie die Otto Nordenskjölds. Denn abgesehen von ihrer rein wissenschaftlichen Bedeutung, wirkt sie erhebend auf ein ganzes Volk und läßt dieses an sich selbst und an seine nationale Größe und Ehre glauben (38)."

Der Freiheitskampf des kleinen tapferen Burenvolkes gegen England und dessen unglücklicher Ausgang; der Boxerkrieg in China und die Eroberung Pekings durch deutsche, englische, französische, russische, österreichische, italienische, japanische und amerikanische Truppenkontingente sowie der nachfolgende Schandfriede mit seinen schmachvollen Erpressungen; der für das Zarenreich so unheilvolle russisch-japanische Krieg um Korea, der die russische Expansionspolitik auf den Westen verweist und Rußland in den Kreis der Feinde Deutschlands treibt — das alles sind Sturmzeichen, die von den kleineren, friedlichen Nationen nicht übersehen werden durften. „Sind wir vorbereitet?" fragte Hedin. „Wir wurzeln so sehr in dem Gefühl des Friedens und der Sicherheit, daß wir die Möglichkeit eines Krieges völlig vergessen haben. Jetzt ist es, als ob wir schliefen; gebe Gott, daß wir nicht zur Knechtschaft wachgerufen werden (38)!"

Als 1903 der englische, von Oberst Younghusband kommandierte, von China insgeheim gebilligte Angriff auf Tibet erfolgte — unter läppischem Vorwand, aber zu dem offenkundigen Zweck, einer russischen Expansion in diesem Gebiet zuvorzukommen —, bringt Hedin in mehreren Zeitungsartikeln seinen Unmut zum Ausdruck: „... 4.000 Mann, ausgerüstet mit modernsten Maschinengewehren und Feldgeschützen, gegen 1.500 schlecht bewaffnete Tibetaner, die wie Spatzen abgeschossen werden (35)! Der Weg, der unter solchen Verhältnissen nach Lhasa führt, ist keine Via triumphalis, sondern eine Via dolorosa, ein Weg, auf dem das Blut der Niedergemetzelten nach Rache schreit und in den Spuren des Heeres nur Haß und Trauer aufwachsen. Ich wiederhole, meine Sympathien sind ungeteilt auf Seiten der Tibeter ..." Und weiter: „Der englische Feldzug ist ein neues Beispiel der Rücksichtslosigkeit des Imperialismus, der die hochpolitischen Bestrebungen unserer Zeit zu charakterisieren scheint und dem gegenüber die Stellung der kleinen Staaten heikel und unsicher ist... Wer sich nicht verteidigen kann, darf überhaupt keine eigenen Interessen haben; er wird niedergetreten, wenn er zufällig einer Großmacht im Wege steht (38)."

Die 1815 zwischen Schweden und Norwegen besiegelte Personalunion zerbrach am 7. Juni 1905 an unwesentlichen Mißstimmigkeiten, nachdem die Norweger schon seit langem darauf hingearbeitet hatten. In einem Artikel der TIMES vom 25. März jenes Jahres gab Fridtjof Nansen den Schweden alle Schuld an dem Zerwürfnis, und Sven Hedin veröffentlichte in derselben Zeitung eine sachliche Erwiderung, was ihm — zum ersten Mal im Leben — eine Flut anonymer Briefe voll grober Beschimpfungen und Drohungen eintrug. Wahrheitsliebe und Gerechtigkeitssinn stehen nicht hoch im Kurs, wo politische Leidenschaften erregt, nationale oder wirtschaftliche Eigensüchteleien im Spiele sind — eine Erfahrung, die sich für Hedin noch oft wiederholen sollte.

Mit sorgenvollem Herzen brach er deshalb am 16. Oktober 1905, dem Jahrestag seiner ersten Reise, von neuem nach Asien auf — und zwar heimlich, ohne vorher viel von seinen Absichten verlauten zu lassen. Nach der drei Monate zuvor erfolgten Vernichtung der russischen Ostseeflotte bei Tsuschima ist in Rußland der Teufel los. Ein Attentat gegen führende Persönlichkeiten folgt dem anderen. Allgemeiner Aufstand droht. Als Hedin nach stürmischer Fahrt über das Schwarze Meer in Batum landet, hat aller Eisenbahnverkehr wie denn überhaupt jede Tätigkeit in Grusinien aufgehört — Generalstreik! Im Dunkeln wird sein Gepäck von Streikbrechern an Land geschafft, die, werden sie ertappt, mit ihrer Erschießung zu rechnen haben.

Hedin hatte vorgehabt, über Batum — Tiflis — Eriwan nach Teheran zu reisen, um auf diesem Wege auch den Kaukasus näher kennenzulernen. Dieser Plan war nun undurchführbar geworden. Blutiger Terror herrschte. Am letzten Oktobertag wurden allein in Batum acht Menschen ermordet. Die Grusinier machten mit den aufständischen Nihilisten gemeinsame Sache, um sich von der drückenden Zarenherrschaft zu befreien. Die Eisenbahnlinie von Poti nach Tiflis war an vielen Stellen gesprengt. Mit knapper Not gelang es Hedin, samt seinem Gepäck auf einem alten Triester

Frachter nach dem türkischen Trapezunt zu entkommen. Auch hier gab es Schwierigkeiten mit den argwöhnischen Behörden, die aber durch eine telegraphische Anweisung der Hohen Pforte bald behoben wurden.

Mit zwei Wagen und zwei zuverlässigen Soldaten als Bedeckung, der in den Bergen lauernden Räuber wegen, machte er sich am 13. November auf den Weg nach Erzerum. Die uralte Karawanenstraße führte, gut gehalten, über hohe Berge und dann streckenweise am Oberlauf des Euphrat entlang. Von Erzerum ab wurde Hedin eine Eskorte von sechs Soldaten gestellt, für deren Unterhalt er natürlich aufzukommen hatte. Die Gegend war öde; Gehöfte und Äcker waren zumeist verlassen. Das ganze Land litt unter der von Sultan Abdul Hamid eingeführten Ausbeutungspolitik, die zugunsten der islamischen Türken und Kurden die fleißigen christlichen Armenier so sehr benachteiligte, daß die Felder verödeten, ihre einstigen Besitzer zu Knechten der mohammedanischen Herren wurden. Schon aus einer Entfernung von 70 Kilometern ist einer der berühmtesten Berge der Erde, der heilige Ararat, mit seinen zwei schneeigen Häuptern zu erkennen. Bei den Türken heißt der Gipfel des Großen Ararat Aghri-dagh, bei den Persern Kuh-i-Nu, nämlich „Noahs Berg".

Von Bajaset aus wandte Hedin sich nordwärts über die russische Grenze nach Igdir, weil bewaffnete Banden von Türken und Kurden soeben erst in persisches Gebiet eingefallen waren. In Igdir, wo er am 27. November anlangte, wurden Kutscher und Soldaten abgelohnt. Es war ja nicht allzu weit bis zur Station Etschmiadsin an der von Tiflis über Eriwan nach Nachitschewan, dem persischen Grenzübergang, führenden Eisenbahn, die man inzwischen wieder in Betrieb genommen hatte. Aber auch hier wütete der Bürgerkrieg zwischen Russen, Armeniern und Tataren. Die Grenzgebiete wimmelten von Aufständischen, Flüchtlingen, Abenteurern und Raubgesellen. Täglich wurden hier unerhörte Greueltaten verübt. Wie in Indien, wo die eingeborenen Völker oder Religionsgemeinschaften oder Parteien einander heftiger haßten als selbst ihre englischen Herren, so war es auch hier: Nur dadurch vermochten die Russen sich im Völkergemisch Kaukasiens zu behaupten, daß sie den Rassen- oder Religionshaß der verschiedenen Parteien listig gegeneinander auszuspielen wußten — eine Herrschaftsmethode, wie sie gegenwärtig in manchen Teilen der Welt geübt wird und nachgerade einen Gipfel der Perfektion erreicht hat, ohne daß die Betroffenen das arge Spiel durchschauen.

Hedin besuchte in Nachitschewan jene achteckige Krypta, unter deren Estrich „der gute Vater Noah liegen und über all den Unfug und Haß nachgrübeln soll, den seine Nachkommen seit dem Tage, da er mit der Arche auf dem Gipfel des Ararat landete, im Laufe der Jahrtausende angestiftet und erregt haben (10)".

Bei Dschulfa wurde die persische Grenze überschritten und damit ein Land erreicht, „wo man wenigstens seines Lebens sicher war (10)". Weiter ging es nun über Tabris, wo Hedin den Kronprinzen Ali Muhamad Mirza, den späteren, 1909 abgesetzten Schah, besuchte, und dann über Sendschan und Kaswin nach Teheran — alles per Wagen, oft in rasender Fahrt auf holperigen Wegen. „Überall stößt man auf Verfall und Verwahrlosung, auf eine Gleichgültigkeit, die keine andere Lebensregel kennt als die sehr bequeme, alles drunter und drüber gehen zu lassen (10)." Nach Kerbela ziehende Totenkarawanen, die üble Düfte verbreiten, werden überholt. In Teheran, der Hauptstadt der Kadscharen, wo er im Hause des britischen Geschäftsträgers gastlich aufgenommen wird, findet er seinen alten Freund Hybennet wieder sowie auch den recht alt gewordenen, vom Tode bereits gezeichneten Wedel. Doch war hier alles anders geworden seit jenem Tag vor zwanzig Jahren, da er als lebenslustiger, hoffnungsfroher Jüngling diese Stadt zum ersten Mal betreten hatte. So wie in Rußland, gärte es nun auch schon in Persien; jedermann schrie, es müsse „anders werden". Doch — wie? Wer wußte das?

Hedins Karawane, die am Neujahrsmorgen 1906 Teheran durch das Tor Schah Abdul Azim verließ, bestand aus acht Mann und vierzehn großen baktrischen Kamelen. Das Ziel war Indien. Aber bis dorthin waren 2.400 Kilometer zurückzulegen — über hohe Berge, weite Steppen, tief eingeschnittene Flußtäler und vor allem durch die großenteils noch unbekannte Salzwüste El Kewir, die den Forscher schon auf seiner ersten Reise unwiderstehlich angezogen hatte. Ruinen aus uralter Zeit, in der Einöde verlorene Oasendörfer, Karawansereien, Sand- oder Schneestürme, die lähmende Kälte der Winternächte, das eintönige Mahlen der Kamelhufe im Staub, das Klingen der Karawanenglocken und ringsumher der nie zu erreichende Horizont — alles, wie schon tausendmal erlebt und doch stets neu, beglückend in der Freiheit des Auf-sich-selbst-gestellt-Seins. Eigentlich gab es ja in Persien kaum noch Neues zu entdecken, wenn man vom Inneren der großen Wüste Kewir absieht; für Hedin aber war es eben doch sehr wichtig, seine Kenntnisse von diesem Land zu vervollständigen. Und so ist sein Buch (10) über diese Reise noch heute, ein halbes Jahrhundert nach seinem Erscheinen, ebenso fesselnd wie aufschlußreich; seine Zeichnungen von Menschen, Tieren, Bauwerken und Landschaften haben nichts von ihrer lebensnahen Aktualität verloren.

Bei dichtem Schneetreiben zieht die Karawane über die grauweißen Dünen dahin wie ein Geschwader von Schiffen über ein im Frost erstarrtes Meer. Schnee ist immer noch besser als Regen, denn wenn es hier anhaltend regnet, kann sich der Sand in unbegehbaren Schlamm verwandeln. „Verzweifelt öde und tot dehnt sich dies kahle, leere Land vor mir aus, wohin ich auch blicke; es ist, als ob ein Fluch auf ihm ruhe, als ob es unter dem Banne stehe, nie von Menschen betreten zu werden und nie wieder reifende Saaten zu tragen (10)." Zweimal wurde die Wüste durchquert — von Süden nach Norden und von Nord nach Süd. Vom geographischen Gesichtspunkt aus erwies sich die Reise als ein voller Erfolg. „Ich glaube, die geographische Auffassung von den Wüstengegenden Ostpersiens wird jetzt eine dringend nötige Nachprüfung oder Ergänzung zu erfahren haben (38)", schrieb Hedin in einem Brief an seine Eltern. Unter anderem stellte er fest, daß die Kewir, deren Entstehen und Charakter so lange eine Streitfrage unter den Gelehrten gewesen war, in Wirklichkeit ein versunkener Salzsee ist.

Gegen Abend des 27. Februar „beginnt die dunkle Linie (des Horizontes) vor uns grün zu schimmern; es sind die Palmen der Oase Tebbes unter den schneebedeckten Kuppen des Kamelgebirges (10)". Der ehedem bedeutende Kreuzungspunkt großer Karawanenstraßen liegt in einer vollkommen öden, graugelben Wüste, in der kein Grashalm sprießt, wie in tiefsten Schlaf versunken, ohne jede Spur von Leben. Wie von Gott und der Welt verlassen, träumen Mauern und Türme, Häuser und Gassen, überragt von einigen verstaubten Palmenwipfeln und einem weißen Minarett. Nahezu ernüchternd wirkt es, als schließlich doch noch ein paar Reiter auftauchen und die Reisenden zum Gouverneurspalast geleiten, wo sie mit großer Höflichkeit empfangen werden.

Hier hielt Hedin sich etwa vierzehn Tage auf, um das Leben der Oasenbewohner und vor allem die Topographie der persischen Wüste, so wie sie schon von Marco Polo vor sechshundert Jahren beschrieben worden war, eingehend zu studieren. Aber das Ziel war ja Indien, war Tibet. Und so sehen wir seine Karawane am 9. März wieder durch die unendlichen Einöden der Kewir nach Südosten ziehen. Über Naibend und Neh erreichte sie nach mancherlei Abenteuern Bendan in Seistan, unweit vom Hamun-See. Hier mußten die Kamele verkauft werden, weil sie infolge der jetzt einsetzenden Sommerhitze sonst wohl der Bremsenplage erlegen wären. Und wie hätte man sie auch ohne gewaltige Kosten und Plackereien über den See bringen können? Hedin kam es hart an, sich von den ihm liebgewordenen Tieren zu trennen.

Auf der anderen Seite des großen, aber sehr seichten Sees, der in kleinen Booten überquert wurde, in Nasretabad, der damaligen Hauptstadt von Seistan, blieb Hedin neun Tage als Gast des englischen Arztes Hauptmann Dr. Kelly, der Younghusband auf dessen berühmtem Zug nach Lhasa begleitet hatte. Dr. Kelly sollte die Ausbreitung der Pest, des Schwarzen Todes, die in dieser Gegend ausgebrochen war, verhindern. „Das Ganze ist dem Arzt ein Rätsel. Warum ist die Pest gerade hier ausgebrochen, da der nächste Punkt, an dem sie vorkommt, erst wieder Karatschi ist, in einer Entfernung von mehr als 1.000 Kilometern? Sie befällt Reiche und Arme, Alte und Junge, Frauen und Männer, ohne den geringsten Unterschied zu machen; niemand ist sicher. Es ist eine unheimliche Erscheinung, rätselvoll, in gewisser Weise fesselnd und interessant. Jetzt, da wir täglich über die Pest sprechen, erscheint einem alles ringsherum so klein; die Pest ist größer und mächtiger als alles (38)." Dr. Kelly meinte, die Seuche werde durch Zugvögel weitergetragen, durch Wildgänse und -enten. Seine Arbeit erfuhr die ärgste Behinderung durch den von islamischen Mollahs geschürten Fremdenhaß und den Aberglauben der Einheimischen, der so weit ging, daß sie eines Tages das Lazarett angriffen, die Arzneimittel vernichteten und die Ärzte bedrohten, weil sie wähnten, die Pest diene den Weißen nur als Vorwand, um das Land in Besitz zu nehmen.

Nach einem kurzen Abstecher über die Grenze Afghanistans wird Rabat, der Grenzübergang nach Belutschistan, erreicht und am 13. Mai, ein halbes Jahr nach dem Aufbruch von Trapezund, Nuschki, die Endstation der Eisenbahnlinie nach Quetta. Die Gefährten der langen Wanderung, Menschen und Tiere, bleiben hier zurück. Ein immerwährendes schmerzvolles Abschiednehmen ist das Leben des Forschers, ist der Preis, den er für den Erfolg seiner Arbeit zahlen muß. Aber nun ist er doch zu Lande nach Indien gelangt; 3.700 Kilometer mühseligen Wanderns liegen hinter ihm; seine Tagebücher sind mit neuen Erkenntnissen gefüllt, die das Wissen um unsere Welt erweitern, seine Skizzenbücher mit erregenden Bildern. „Herrlich, nach dem langen Weg vom Schwarzen Meer her wieder im Zug zu fahren ... Nur so dazusitzen und die Landschaft und die steilen Kurven zu betrachten und zu fühlen, wie die Luft kühler und kühler wird (38)." Von Quetta geht es wieder hinab in die gluterfüllte Indusebene und dann immer höher hinauf an den Hängen des Himalaja nach Simla, dem großen Abenteuer entgegen, dem verbotenen Land.

Transhimalaja

Simla, damals die Sommerresidenz der britisch-indischen Regierung, mit zahlreichen Villen, Klubs, Hotels und öffentlichen Gebäuden in das tiefe Grün der steile Berghänge bedeckenden Nadelwälder gebettet, 2.169 Meter über dem Meer, war ein Anblick, der Hedin mit Freude und hochgespannten Hoffnungen erfüllte. Hier wußte er Freunde seiner harren — Sir Francis Younghusband und manch einen anderen; hier erwartete er, alle Hilfe für die neue Tibetexpedition zu finden, die Lord Curzon of Kedlestone ihm zugesagt, zumal das geplante Unternehmen ja auch im Interesse Englands zu liegen schien.

Weder Wasser noch Nahrung bietet das Sandmeer den Menschen und Tieren. Oftmals muß in trostloser Einöde gelagert werden. Der unterwegs gesammelte Kameldung ist dann das einzige Brennmaterial und reicht kaum hin, um Tee zu kochen.

Das erste Lager im Arka-tag auf dem Weg ins verbotene Land. Die dünne Luft der großen Höhen — 5.000 Meter über dem Meer — macht Menschen und Tiere krank.

Allein, Curzon war vor kurzem durch Lord Gilbert John Elliot Minto abgelöst worden. In London hatte eine neue liberale Regierung unter Sir Henry Campbell-Bannerman das Staatsruder ergriffen. Und so erfüllte es Hedin schon mit bösen Ahnungen, als er nicht, wie bisher üblich, bei seinem Eintreffen in Indien durch ein Schreiben des Vizekönigs willkommen geheißen worden war. Auf dem Bahnhof zu Simla empfing ihn nur ein Herr vom Auswärtigen Amt. Auch hatte man ihn weder in die Residenz eingeladen, noch ein Quartier für ihn bereitgestellt, und so mußte er denn wie ein gewöhnlicher Reisender zunächst im Hotel logieren.

Das Rätsel löste sich, als er mit Younghusband zusammentraf. Der Oberst begleitete ihn zu Sir Louis Dane, dem Minister des Äußeren. Und hier vernahm er, daß Lord Minto alles getan habe, um Curzons Versprechen zu erfüllen, daß aber die neue Regierung in London ihm die Erlaubnis, von Indien nach Tibet einzureisen, unerbittlich verweigere. Tibet sollte unter allen Umständen isoliert gehalten werden. Vor allen anderen war es John Viscount Morley of Blackburn, Staatssekretär für Indien, der, wie Lord Minto und der Premier, grundsätzlich gegen jede gewaltsame Kolonisation eingestellt, Tibet von europäischen Einflüssen freizuhalten suchte, wie er schon gegen den Burenkrieg gewesen war und sich dann ein Jahrzehnt später energisch gegen die englische Kriegserklärung an Deutschland aussprach. Da war nichts zu machen! Alle Bemühungen Lord Mintos, dem Forscher doch noch den Weg nach Tibet zu ebnen, wie auch die herzliche Gastlichkeit der vizeköniglichen Familie täuschten Hedin nicht darüber hinweg, daß sein schöner Reiseplan, die Krönung seines Lebenswerkes, zu Wasser geworden sei.

Was tun? Noch waren die Quellen des Indus und Brahmaputra zu entdecken; noch gab es da jenen großen weißen Fleck nördlich von diesen Flüssen, der mit Bergen, Tälern, Seen und Wegen auszufüllen war, indem man ihn auf möglichst vielen Routen durchquerte. Von Indien her wäre dies zwar auch nicht eben leicht gewesen, aber doch leichter als ein Anmarsch durch die tödlichen Einöden des nördlichen Tibet; man hätte die Reise sorgsam vorbereiten, hätte auf die Machtmittel der indischen

---

Als mongolischer Pilger verkleidet, versucht Hedin nach Lhasa, der heiligen, Europäern verbotenen Stadt des Dalai Lama, vorzudringen.

Eisstarrende Bergkämme versperren der Karawane den Weg; unversehens losbrechende Schneestürme lassen die Kräfte von Menschen und Tieren erlahmen. Jeder Schritt vorwärts wird zum verzweifelten Kampf gegen die Naturgewalt.

Der Kosak Schagdur, Sven Hedin und Schereb Lama haben sich von der Karawane getrennt, um allein die verbotene Stadt auf Schleichwegen zu erreichen. Trotz seiner Verkleidung wird der Forscher erkannt.

Regierung zurückgreifen können. So, wie die Dinge jetzt lagen, gab es aber nur die Alternative: Anmarsch von Norden her! Ob die Chinesen dies dulden würden, erschien allerdings mehr als zweifelhaft. Nach wie vor übten sie bestimmenden Einfluß auf den Dalai Lama aus. Und was die Bevölkerung Tibets betraf, mußte sie nicht argwöhnen, daß es sich auch bei dieser Expedition wieder um einen Vorstoß der Russen handele?

Glücklicherweise besaß Hedin einen chinesischen Paß für Ostturkestan. Er beschloß, vorgeblich dorthin abzureisen, sich dann aber heimlich in die Berge zu schlagen. Doch — welch ein bedeutender Umweg! Und wenn ihn die indischen Feldmesser, die Curzon ihm hatte stellen wollen, nicht begleiten durften, dann mußte er deren Arbeiten auch noch mit übernehmen.

Weder dürfe er die Grenze nach Tibet überschreiten, noch in Indien Tiere kaufen oder Begleiter anwerben, da derartige Unternehmungen ja auch englischen Offizieren untersagt seien, lautete das letzte, in scharfem Ton gehaltene Telegramm aus London. Lord Minto war bekümmert, Lord Kitchener of Khartoum, mit dem sich der Forscher in Simla angefreundet hatte, äußerst erzürnt über die Kleinlichkeit der Regierung. Hedin machte in einem Brief an die Eltern seinem Groll gegen Morley Luft: „Weh ihm, wenn nicht etwa die Stimmung, mit der ich jetzt seine Handlungsweise betrachte, im Schnee der tibetischen Berge erkaltet ist, ehe ich zurückkehre! Ich werde ihn dann fragen, wer in Asien besser zu Hause ist, er oder ich? Ich werde ihn fragen, warum er dadurch, daß er Tibet mit größerer Eifersucht abschloß als die Tibeter selbst, dieses Land an China verkaufte und Englands Hoffnung, in Tibet Einfluß zu haben, für immer vernichtete (38)?"

Im Grunde hatte die Sache ihr Gutes — Hedin fühlte sich frei; er konnte nach Gutdünken handeln, brauchte sich keinen Anweisungen der Regierung zu unterwerfen. „Vom praktischen Gesichtspunkt aus wäre es sehr wertvoll gewesen, unter dem Schutz von Englands Ansehen in Asien zu stehen, aber es gibt geheime, mächtige Kräfte, die wir nicht kennen, und vom religiösen Gesichtspunkt aus ist es besser, nicht im Schatten der englischen Fahnen zu reisen, die vom Blut unschuldiger Tibeter triefen (38)."

In Srinagar, wo er vom Maharadscha von Kaschmir freundlich aufgenommen wurde, und dann in Leh wurde die Karawane zusammengestellt und vortrefflich ausgerüstet, was 25.000 Kronen verschlang. Dreißig Leute wurden in Dienst genommen, darunter neun Mohammedaner, sechzehn Lamaisten, zwei Hindus, ein Katholik und zwei Protestanten. Ein besonderes Glück war es, daß es Hedin gelang, Muhamed Isa und dessen Bruder Tsering als Karawanenführer für sich zu gewinnen. Der große, starke, stets fröhlich und heiter gestimmte Muhamed Isa war mit vielen Europäern in Innerasien gereist — mit Carey und Dalgleish, mit de Rhins und Grenard; er hatte Younghusband nach Lhasa, Ryder nach Gartok begleitet, sprach Turki, Hindustani und Tibetanisch, und er vermochte eine so buntgemischte Schar mühelos im Zaum zu halten. Sechsunddreißig Maulesel wurden beschafft, obwohl sie sehr teuer waren, achtundfünfzig Pferde sowie dreißig gemietete Pferde und zehn gemietete Yaks. Lebensmittel wurden eingekauft, moderne Gewehre samt Munition, Zelte, Sättel, Werkzeuge, Geld in landesübliche Gold- und Silberrupien umgewechselt. Überdies verfügte Hedin über ein Faltboot und eine reichhaltige, sehr elegante Reiseapotheke.

Als die Karawane am 14. August 1906 Leh verließ, begleitet von den Segenswünschen der neugierig zusammengelaufenen Volksmenge, und zum Indus hinabstieg, lag in der Schublade eines Sekretärs, dem Anschein nach „vergessen", ein Telegramm der Londoner Regierung mit der Anweisung, Hedin dürfe nach Ostturkestan ausreisen; sollte er jedoch den Karawanenweg zum Kara-korum verlassen und nach Tibet abschwenken, so sei er daran zu hindern, notfalls mit Gewalt. Mit Rücksicht auf Lord Minto vermied er es, den nächsten Weg nach Tibet über den Paß Lanek-la einzuschlagen, sondern wandte sich statt dessen gen Norden über den 5.780 Meter hohen Kara-korum in eine völlig unbekannte Gegend. Die aus Indien mitgebrachten Menschen und Tiere litten in solch ungeheuren Höhen schwer unter Atemnot. „Wir verschwinden immer mehr im Unbekannten auf dem von Campbell-Bannerman und Morley empfohlenen Weg", notierte Hedin spöttisch und verriet nicht wenig Genugtuung darüber, daß er, solange Champbell-Bannerman am Ruder sei, sich in Tibet allein befinde und daher bei der Erforschung der weißen Flecken Konkurrenten nicht zu fürchten habe (38).

Auf dem wilden, öden tibetanischen Hochland, wo es keine Spur von Pflanzenwuchs gibt und der Blick nur vom Kranz ferner Eisgipfel begrenzt wird, bog die Karawane nach Osten zum Aksai-tschin-See ab. Die ersten drei Pferde verendeten. Jenen großen See, den Hauptmann Wellby 1896 entdeckt und „Lake Lighten" genannt hatte, befuhr Hedin im Faltboot mit nur einem Begleiter bei Sturm, um seine Tiefe durch Lotungen zu ermitteln. Einige Leute aus Ladak mußten zurückgeschickt werden. „Wenn wir sie im Winter mit landeinwärts nehmen, erfrieren sie uns", sagte Muhamed Isa, „schon jetzt kriechen sie am Lagerfeuer wie Murmeltiere zusammen, und trotzdem klappern sie mit den Zähnen und zittern vor Frost in ihren Pelzen (8)." Schon waren viele Tiere der zunehmenden Kälte zum Opfer gefallen. Aber nicht so sehr die Kälte war es, die Anfang Oktober bereits 24,8 Grad unter Null erreichte, sondern der ewige Westwind, der Menschen und Tieren die Kräfte nahm. Während die Karawane auf ungebahnten Wegen durch die Berglabyrinthe Nordtibets zog, eine lange Reihe vermummter Gestalten im treibenden Schnee, sank die Temperatur immer tiefer; Raben und Wölfe folgten der Spur, denn ein Tier um das andere brach vor Erschöpfung zusammen. Mitte Oktober waren nur mehr neunundzwanzig Pferde, dreißig Maulesel und achtzehn Schafe übrig von der vielköpfigen Schar, die von Leh ausgezogen war.

Kaum vorstellbar, wie es Hedin, der stets am Schluß der Karawane ritt, bei allen Strapazen noch möglich war, Gesteinsproben zu sammeln, Temperaturen zu messen, die Route nach Kompaß und Schrittmaß auf der Karte festzulegen, zu fotografieren, zu zeichnen und alles, was er sah, gewissenhaft zu notieren. Bisweilen geriet er in Lebensgefahr — so im jählings losbrechenden Sturm auf dem Lake Lighten oder auch, als ihn ein Wildyak angriff und statt seiner den Ladaki Rehim Ali auf die Hörner nahm. Seit einundachtzig Tagen hatten die Reisenden keinen Menschen erblickt, wohl aber Reste von Lagerfeuern, da führte ihnen der Zufall zwei Tschangpas in den Weg, tibetanische Nomaden. „Sie waren schmutzig, hatten langes, ungepflegtes Haar, Mützen, die auch Backen und Kinn schützten, warme Schafpelze, grobe Säbel im Gürtel, Feuerstahl, Filzstiefel, Flinten, aber — keine Hosen (40)." Puntsuk hieß der ältere von den beiden, der jüngere Tsering Dawa. Sie verkauften Hedin mehrere Schafe und Yaks, und dann schlossen sie sich der Karawane als Führer an.

Auf einem uralten Goldsucherpfad wurde der 5.433 Meter hohe Paß Tschaktschomla überquert. Zu Anfang November sank die Temperatur des Nachts auf 33,2 Grad unter Null. „Meine Lage war verzweifelt", bekennt Hedin. „Lange konnte es so nicht weitergehen; wir näherten uns einer Krisis. Terrain, Wetter und Kälte waren unsere Gegner, die Tiere starben massenweise, und bis zu den nächsten Nomaden mochte es noch trostlos weit sein (8)." Und so war es eine Erlösung für ihn, als man an der Grenze der Provinz Nakktsong auf ein Nomadendorf stieß, in dem Muhamed Isa Schafe und Yaks zu erstehen hoffte. Der Handel war eben im besten Gange, da erschien ein Häuptling und verbot seinen Leuten, den Fremden irgend etwas zu verkaufen. Zu den Reisenden sagte er: Man wisse, ein Europäer sei unter ihnen, und es sei besser für sie, auf der Stelle umzukehren. Das alte Lied! Nun würden reitende Boten nach Lhasa jagen, Späher der Karawane folgen, die Milizen der Gegend aufgeboten werden. Hedin zog eilig weiter. Am Flusse Bogtsang-tsangpo, in einer Gegend, die er schon 1901 berührt hatte, wurde die Karawane durch den von sechs Bewaffneten begleiteten Gowa, den Gauhäuptling, aufgehalten. Der Gowa kannte Hedin von früher her und ersuchte ihn freundlich, aber bestimmt, so lange an diesem Ort zu lagern, bis Verhaltensmaßregeln beim Gouverneur von Nakktsong eingeholt worden seien. Wie lange das dauern werde? — Zwanzig Tage!

Nein, das kam gar nicht in Frage! Südlich vom Bogtsang-tsangpo lag ja die unbekannte Region, die es zu erforschen galt. Und so wandte sich Hedin, von den Tibetanern nicht weiter gehindert, in Eilmärschen nach dem See Dangro-jum-tso, an dessen Südufer ihn, wie verabredet, der Postkurier aus Leh erwarten sollte. Das Weihnachtsfest wurde am Dumbok-tso gefeiert. Dann ging es südwärts über zwei Pässe zum Ngangtse-tso, dessen Tiefe gelotet wurde, indem man Löcher in die dünne Eisdecke schlug. Diese Arbeit war nahezu abgeschlossen, und schon stand die Karawane bereit zum Weitermarsch nach dem Dangro-jum-tso, als am 7. Januar 1907 der Gouverneur von Nakktsong, Hedins alter Freund Hladsche Tsering, im Lager eintraf. Nach herzlicher Begrüßung sagte er: „Ihr dürft nicht durch Nakktsong reisen, Hedin Sahib; Ihr müßt nach Norden umkehren!" Vergebens wies der Forscher darauf hin, daß ihm von seinen hundertdreißig Lasttieren nur mehr acht Pferde und ein Maulesel geblieben seien, ganz gewiß zu wenig, um damit in den mörderischen Norden zurückzukehren. Hldasche Tsering indes ließ sich nicht erweichen.

Wie erstaunt war Hedin daher, als der Gouverneur am folgenden Morgen von neuem erschien und ihm vorschlug, südwärts nach Taschi-lunpo zu ziehen. Anderes begehrte er ja nicht! Aber was war der Grund für solche Sinnesänderung? Noch rätselte Hedin darüber, als überraschend der Postkurier aus Leh eintraf und dem Gouverneur erklärte, Herzog Kung Guschuk, der Bruder des Taschi Lama, habe ihm geboten, Hedin Sahib unter allen Umständen aufzufinden. Hladsche Tsering war nun völlig beruhigt und gab den Weg frei. „Ihr könnt verstehen, welche Freude es mir bereitete, Post zu erhalten und nach Süden weiterziehen zu dürfen, aber wir brauchten in der Tat etwas Aufheiterndes nach all dem Trüben, das wir im Nordwesten hinter uns ließen (38)", berichtete Hedin seiner Familie daheim. Es mag doch wohl der inoffizielle Einfluß Lord Mintos auf den Taschi Lama gewesen sein, der ihm die Wege hier öffnete. Überall begegnete er von nun an freundlichen Gesichtern. Die Tibetaner wetteiferten darin, ihm gefällig zu sein. Vielleicht wußte man sogar, wie sehr er damals Younghusbands Marsch nach Lhasa verurteilt hatte?

Südwärts ging es nun über kahle Ebenen, hohe Pässe. Die leeren Stellen auf der Karte füllten sich mit Bergen, Flüssen und Seen. „Jeder Schritt brachte eine neue Entdeckung, jeder Name war eine neue Eroberung für unsere Kenntnis von der Erde. Bis zu diesem Januar 1907 war dieser Teil der Oberfläche unseres Planeten ebenso unbekannt gewesen wie die uns abgekehrte Seite des Mondes (40)." Sonnenfunkelnde stille Tage wechselten mit heftigen Stürmen. Im eisigen Wind auf einer Paßhöhe sitzend, zeichnete Hedin das Panorama der in vielen Farben glühenden Bergketten, die sich gegen Südosten hin zum Tale des Brahmaputra hinabsenkten, überragt von den fernen Eisgipfeln des Himalaja. Schon hier kam ihm die Idee, daß die Quellen des Indus und des Brahmaputra ganz dicht beieinander liegen müßten, und zwar beim Kailasa, jenem heiligen Berg, auf dem die Götter zuerst erschienen sein sollen.

Am 9. Februar, nachdem sie vom Paß Sela-la hinab auf die große Pilgerstraße nach Schigatse, Taschi-lunpo und Lhasa gelangt waren, ließ Hedin die Karawane auf diesem Wege weiterziehen, während er selbst in einem der landesüblichen Fellboote den Tsangpo, wie der Oberlauf des Brahmaputra heißt, hinunterfuhr, um auf solche Weise allen Spähern zu entgehen. Er zeichnete eine Karte des Stromlaufes, während zur Rechten die schroffen Hänge des Himalaja vorüberglitten, zur Linken die Ausläufer jenes mächtigen, bisher unbekannten Gebirges, das er soeben überquert hatte und „Transhimalaja" zu nennen beschloß, weil es jenseits des Himalaja, der „Wohnung des Winters", liegt. Am rechten Ufer, unweit der Mündung des Njang-tschu, warteten einige seiner Leute, die zu Pferde vorausgeeilt waren, und mit ihnen ritt er im Tale dieses Flusses zwischen Scharen von Pilgern nach Schigatse hinauf, der Residenz des Taschi Lama.

Hier nun wurde das unversehene Auftauchen eines Europäers zur Sensation. Woher, in aller Welt, er gekommen sei? begehrte der Befehlshaber der chinesischen Garnison zu wissen. Nicht weniger überrascht zeigten sich Lobsang Tsering, der Sekretär des Taschi Lama, und die übrigen hohen Beamten. Hedin erklärte ihnen, er wünsche nicht nur an ihrem Neujahrsfest teilzunehmen, sondern auch den Pantschen Rinpotsche, den Taschi Lama, selbst zu sehen. Das sei unmöglich, hieß es, Schigatse sei eine den Europäern verbotene Stadt. Sein chinesischer Paß indes, obwohl nur für Ostturkestan ausgestellt, wirkte Wunder. Nicht lange, so überbrachte ein Lama ein Kadach, ein langes Stück weißer Seide nämlich, als Willkommensgruß des Taschi Lama sowie die Einladung ins Kloster Taschi-lunpo zum Neujahrsfest. „Schon aus dieser kleinen Episode ersah ich, daß die Chinesen hier im Lande die Herren sind und alles bestimmen. Das ist das Ergebnis von Curzons und Younghusbands berühmter Mission (38)."

Es ist ungemein reizvoll, die eingehende Schilderung des Losar, wie das Neujahrsfest der Lamaisten heißt, in Hedins Buch „Transhimalaja" (8) nachzulesen. Eine atemberaubend fremde, farben- und formenreiche Welt tut sich vor den erstaunten Blicken des Abendländers auf, eine Welt, die zwar noch nicht ganz vergangen ist, aber seither viel von ihrem Glanz und Geheimnis verloren hat.

Siebenundvierzig Tage blieb Hedin in Schigatse, geehrt vom Pantschen Rinpotsche, beargwöhnt von den Chinesen, umlauert von Neidern und Spionen. Nach und nach blieben die hier gewonnenen Freunde fort, offensichtlich auf „höheren Befehl"; der Taschi Lama, abhängig von den Chinesen, hüllte sich in Schweigen. Zuletzt fragte eine Abordnung des Dewaschung von Lhasa bei ihm an, auf welchem Wege er zurückzukehren gedenke. Dem war ein Notenwechsel zwischen den verschiedenen beteiligten Regierungen vorausgegangen und der Forscher, ohne daß er darum wußte, zu einem kleinen politischen Zankapfel geworden. Die Chinesen gaben ihm den Weg nach Nordwesten frei. Hedin indes entschied sich für den Weg über die Quellen des Raga-tsangpo und dann durch das Land nördlich von diesem Fluß. Neue Lasttiere wurden gekauft.

Nach herzlichem Abschied vom Taschi Lama brach Hedin am 27. März zu einer neuen Reise von Schigatse auf, die sich überaus erfolgreich gestalten sollte. Mit sich nahm er die Erinnerung an einen der edelsten Menschen, denen er je begegnet war. „Wunderbarer, unvergeßlicher

Taschi Lama! Nie hat ein Mensch einen so tiefen, unauslöschlichen Eindruck auf mich gemacht. Nicht als Gottheit in Menschengestalt, sondern als ein Mensch, der sich in Herzensgüte, Reinheit und Keuschheit der Grenze der Vollkommenheit so sehr nähert, als dies überhaupt möglich ist. Seinen Blick werde ich nie vergessen; er strahlt eine ganze Welt von Güte, Demut und Menschenliebe aus, und niemals habe ich ein solches Lächeln, einen so feingeschnittenen Mund, ein so edles Antlitz gesehen (8)."

Durch Landschaften von unbeschreiblich erhabener Schönheit, vorüber an blühenden Dörfern, malerischen Klöstern, deren einige besucht wurden, ging es im Tale My-tschu aufwärts, mitten hinein ins Unbekannte. „Wir nähern uns dem Dangro-jum-tso immer mehr und sind in einem Teil von Tibet, der auf der Karte ganz weiß ist (38)." Schon wächst der blendend weiße Gipfel des heiligen Berges Targo-gangri über die Kämme hoher Gebirgszüge empor. Am Ufer des Targo-tsangpo, der in den Dangra-jum-tso mündet, wird Lager gemacht; da tauchen zwanzig bewaffnete Reiter auf, von Hladsche Tsering entsandt, um Hedin den Weitermarsch in dieser Richtung zu verwehren.

Zurück also — südwärts, ein drittes Mal über den Transhimalaja, und zwar auf dem 5.643 Meter hohen Paß Angden-la. Ein See, der Schuro-tso, wird auf dieser Route entdeckt. Am 11. Mai erreicht man bei heftigem Schneetreiben das Tal des Raga-tsangpo und in ihm die Tasam, jene Heerstraße zwischen Lhasa und Ladak. „Wieder war es mir gelungen, ein Stück des großen weißen Fleckes zu erobern", notiert der Forscher befriedigt (8).

Während Hedin mit wenigen Begleitern einen Umweg macht, um den Zusammenfluß von Tschaktak-tsangpo und Tsangpo aufzusuchen, zieht Muhamed Isa mit der Karawane auf der Tasam weiter nach Westen. Als beide Abteilungen bei Saka-dsong wieder zusammentrafen, fand der Forscher seinen unersetzlichen Karawanenführer ohne Bewußtsein darniederliegend. Muhamed Isa starb noch in derselben Nacht an den Folgen eines Gehirnschlages, tief betrauert von seinem Bruder Tsering und den Gefährten. Hedin verlor in ihm nicht nur einen verläßlichen treuen Diener, sondern ebenso auch einen Freund.

Niemand wußte bis dahin, welches die wirkliche Quelle des Brahmaputra ist, noch wo sie liegt. Um das festzustellen, mußten die Wassermengen der verschiedenen Quellflüsse möglichst an ein und demselben Tage gemessen werden. Nach einem kurzen Ausflug über die Grenze Nordnepals machte Hedin sich an die Arbeit und fand, daß einer der Quellflüsse, der Kubi-tsangpo, dreieinhalbmal soviel Wasser führte wie alle übrigen zusammen; seine Quelle mußte also die des Brahmaputra sein. Mit sechs Männern folgte Hedin diesem Fluß immer höher hinauf in die gewaltige Bergwildnis des Kubi-gangri und erreichte am 13. Juli den höchsten Punkt einer alten Gletschermoräne. Hier entspringt der 3.000

Kilometer lange Brahmaputra, „Brahmas Sohn", in nahezu 5.000 Meter Höhe über dem Meer, nicht weit von den Quellen des Sutlej und Indus. „Das gehört mit zu dem Feinsten, was ich erreicht habe, nicht nur auf dieser Reise, sondern überhaupt (38)!" schrieb der glückliche Entdecker nach Hause.

Sein nächstes Ziel war der heilige See Manasarovar zu Füßen des mächtig aufragenden Kailasa oder — wie ihn die Tibetaner nennen — Kang-Rinpotsche, auf dessen Gipfel die Hindus Shivas Paradies vermuten. Die verwickelten hydrographischen Verhältnisse dieses Sees und seiner Zuflüsse wurden erforscht, die Quellen des Sutlej und des Indus am 10. September entdeckt. Nachdem er den Transhimalaja zum fünften Mal auf dem Paß Dschukti-la überschritten hatte, langte Hedin am 26. September in Gartok, dem Hauptort Westtibets, an und kann von hier aus endlich wieder mit der Außenwelt in Verbindung treten. Er denkt jedoch an einen letzten Gewaltmarsch ostwärts zum See Dangro-jum-tso, um die noch übrigen weißen Flecken aus dem nun fast völlig erschlossenen Gebiet des Transhimalaja zu tilgen.

Eine neue Phase in dem Zweifrontenkrieg eines Einzelnen — einmal gegen die fast übermächtigen Gewalten der Natur, zum anderen gegen den Widerstand von vier Regierungen! Hedin faßt die Sache sportlich auf, da er sich des Beifalls seiner englischen Freunde in Indien sicher weiß: „Der Vertrag zwischen England und Rußland erlaubt es wissenschaftlichen Expeditionen nicht, tibetisches Gebiet zu betreten. Ich frage mich, ob man dabei eigens an mich gedacht hat, um mich hier alles einheimsen zu lassen (38)."

Die alten Leute wurden abgelohnt, neue angeworben, jedoch in dem Glauben gelassen, die Reise gehe nach Chotan. Und dies erzählten sie dann auch den Spähern der Tibetaner und Chinesen. Die wichtigsten Notizen, Aufnahmen, Kartenskizzen — alles Entbehrliche wurde nach Leh geschickt. Hedins letzter Brief vom 5. Dezember, in dem er den Aufbruch ankündigt, wurde in Schejok, dem letzten bekannten Dorf, geschrieben, danach folgte — nichts, kein Lebenszeichen! Statt dessen gingen Gerüchte von Mund zu Mund, Fragen, Vermutungen. Der Winter verstrich. Wo befand sich Hedin? Was war ihm zugestoßen? Anfragen jagten durch die Telegrafendrähte; Noten wurden gewechselt zwischen Stockholm und London, zwischen London und Simla, zwischen Simla und Peking. Es wurde Frühling — Sommer ... Noch immer — nichts!

Inzwischen wanderte die Karawane, die am 20. Dezember die Karakorum-Straße verlassen hatte, durch nie betretene Einöden, umheult von Schneestürmen, nach Osten. In den Nächten sank die Temperatur bis auf 38,6 Grad unter Null. Man fand keine Weide für die Tiere und nur selten Yakdung zum Feuern. Wiederum starb Tier um Tier an Erschöpfung oder Kälte dahin. Kaum je wurden mehr als zehn Kilometer am Tage zurückgelegt. Die Menschen litten allesamt, der großen Höhe wegen, an Kopfschmerzen und Übelkeit. Und immer wieder waren neue himmelhohe Pässe zu bezwingen. Am 4. Februar lebten von den vierzig Tieren der Karawane nur mehr siebzehn, auch diese nahezu am Ende ihrer Kraft. Aber nun ging es tiefer hinab. Man fand Spuren von Jägern und Nomaden. Hedin verkleidete sich als Schafhirt, während sein Karawanenführer Abdul Kerim sich für den Herrn der Karawane ausgab. Mitte März wurde der auf 4.511 Meter Meereshöhe liegende kleine See Tong-tso an der Nordgrenze der Provinz Bongba erreicht, der bisher unbekannte See Tschunit-tso und der Fluß Bup-tsang-tsangpo entdeckt. Am 15. April überschritt Hedin zum siebenten Mal den Hauptkamm des Transhimalaja, der nun wie ein offenes Buch vor seinen Augen lag.

Nur zwei Tagereisen von der großen Karawanenstraße, der Tasam, entfernt, wurde die Karawane von einer Schar bewaffneter Tibetaner angehalten, deren Führer jener Pemba Tsering war, mit dem Hedin schon im Jahre zuvor zu tun gehabt hatte. Als Abdul Kerims Ausflüchte eine Untersuchung des Gepäcks nicht länger zu hindern vermochten, gab der Forscher sich zu erkennen. Sogleich wurde ein Bote an den Gouverneur nach Saka-dsong abgeschickt, während die tibetanischen Soldaten die Karawane nach Semoku geleiteten. Wieder einmal war Hedin ein Gefangener.

In Semoku erwarteten ihn bereits die beiden Statthalter Ngavang und Dortsche Tsuan. Sie zeigten sich freundlich, aber bestimmt: Er müsse auf dem gleichen nördlichen Wege zurückkehren, auf dem er gekommen sei! Nichts anderes wünschte sich Hedin, nur weigerte er sich entschieden, über den Paß Samje-la, den er ja schon kannte, nach Ladak zu ziehen, denn westlich und östlich von diesem Paß lockten die letzten weißen Flecken. Man einigte sich zuletzt dahin, daß Abdul Kerim sich mit dem Hauptteil der Karawane über den Samje-la wenden, Hedin jedoch mit fünf Berittenen und einer tibetanischen Eskorte den noch unbekannten Paß Sangmo-bertik-la übersteigen dürfe. Treffpunkt der beiden Abteilungen sollte der Tarok-tso sein.

Wiederum wurden Flüsse, Seen und Berge auf der Karte eingetragen, von denen bislang nichts bekannt gewesen war. Als man den Tarok-tso erreicht hatte, fand Hedin dort Abdul Kerim nicht vor, noch irgendeine Nachricht von ihm. Neue Sorgen ... Endloses banges Warten ... Erst am 30. Juni traf Hedin auf die schon Verlorengeglaubten. Sie waren von Räubern angefallen und danach von unfreundlichen Gauhäuptlingen genötigt worden, einen weiten Umweg zu machen. Der 5.885 Meter hohe Paß Dingla-la, der höchste in Tibet, wurde bezwungen und am 14. Juli Toktschen erreicht, „wo uns eine neue politische Verwicklung volle neun Tage festhielt (8)". Achtmal hatte Hedin den Transhimalaja überschritten, hatte neue Pässe und Wege erkundet, unerforschte Gegenden durchwandert, die höchsten Bergketten der Erde auf der Karte eingetragen, wichtige Punkte gezeichnet und fotografiert, hatte die Quellen der großen

Ströme Indiens entdeckt und nebenher wertvollste Kenntnisse über Religion, Brauchtum und Lebensweise der geheimnisvollen Tibetaner gesammelt.

Am Manasarovar und Sutlej hin zog er nun quer durch den Himalaja westwärts zum Paß Schipki-la, wo Tibet an Indien grenzt. Am 28. August 1908 langte er in Poo, dem ersten Dorf auf indischer Seite, an, hier von den Herrnhuter Missionaren aufs herzlichste begrüßt, während der Telegraph bereits die Nachricht von seiner glücklichen Rückkunft in aller Welt verbreitet hatte. Zum ersten Mal seit zwei Jahren sah er wieder Europäer, vernahm die Laute einer vertrauten Sprache, glücklich in dem Bewußtsein vollbrachter Arbeit. Seinen von nagender Sorge um sein Leben befreiten Angehörigen schrieb er beruhigend: „Ein friedlicheres Land als Tibet gibt es sicher nicht. In Europa wimmelt es von Schurken, hier habe ich keinen einzigen gesehen. Dazu kommt, daß sie mich jetzt überall in Tibet kennen und glauben, ich sei ein Wunderkind (38)!"

Die mahnende Stimme

Ein Mahlstrom gesellschaftlicher Verpflichtungen sog den an Stille gewöhnten Wüstenwanderer ein. Wie mochte ihm, der gelernt hatte, die Weltereignisse aus weiter Entfernung und Bergeshöhe her zu betrachten, das Getümmel mehr oder minder alltäglicher Menschen doch nichtig erscheinen, zumal er schon jetzt das Wetterleuchten des nahenden schrecklichen Unheils am sich verdunkelnden politischen Horizont wahrnahm? Seine größte Sorge galt dabei dem Geschick der über alles geliebten Heimat. Doch nicht nur mit Festlichkeiten waren seine Tage in Simla ausgefüllt; er hielt Vorträge, kopierte seine Karten für Lord Minto, um damit seinen Dank für dessen Hilfsbereitschaft und Fürsorge abzustatten und — um glühende Kohlen auf die Häupter der Herren Campbell-Bannerman und Morley zu sammeln. Mit Kitchener verband ihn bald herzliche Freundschaft, waren sie beide doch Männer mit weitem Blick, praktischer Erfahrung und glühender Liebe im Herzen für ihre jeweiligen Vaterländer.

Hedin entschloß sich, einer Einladung Graf Otanis, eines Schwagers des Tenno, nach Japan zu folgen. Am 14. Oktober reiste er von Simla nach Bombay ab, von dort mit dem englischen Dampfer DEHLI nach Schanghai und weiter auf der japanischen TENJO MARU nach Yokohama — eine Reise von einem Monat, die er in einem noch heute lesenswerten Jugendbuch (11) eingehend beschrieben hat. In Schanghai wurde er von Dr. Hori, einem Mitglied der Geographischen Gesellschaft Tokio, in Empfang genommen. Auch Dr. Hori hatte Innerasien als Forscher durchstreift und unter anderem jenen Kasim kennengelernt, der damals am Chotan-darja von Hedin vor dem Verdursten gerettet worden war. Die Reise nach

Japan ähnelte einem Triumphzug. Überall — in Schanghai, in Nagasaki, in Kobe — mußten Vorträge gehalten werden. Der bescheidene Wissenschaftler sah sich zu einer Tagesberühmtheit gelangt, die seinem Wesen wenig lag. Er wird in Tokio der Kaiserin und dem Kaiser vorgestellt, wird Ehrenmitglied der dortigen Geographischen Gesellschaft und als zweiter Ausländer — nach Nordenskjöld — mit deren goldener Medaille ausgezeichnet. Empfänge, Führungen, Besichtigungen, Vorträge folgen einander; hinzu kommt eine Vielzahl neuer Bekanntschaften, unter ihnen Marschall Yamagata, der Eroberer von Port Arthur.

Als Hedin am 13. Dezember das gastliche Land der aufgehenden Sonne verließ, umbraust von den Banzai-Rufen der am Kai versammelten Volksmenge, hatte er nicht nur viele Freunde gewonnen, sondern auch einen tiefen Eindruck von der Intelligenz und Lebenskraft des Inselvolkes, das die Geschichte Asiens so stark beeinflußt hat. Über Port Arthur, Söul, Mukden, wo er das Weihnachtsfest feiert, Charbin und Moskau geht es heim. In Moskau wird er von seiner Lieblingsschwester Alma und einem Freunde, dem Hofintendanten Axel Lagrelius, abgeholt und trifft am 17. Januar 1909 mit dem Dampfer BORE II. in Stockholm ein.

Seine Vaterstadt bereitet ihm einen glänzenden Empfang. Studenten huldigten ihm „als einem Führer, der von einem tatenreichen Eroberungszug zurückkehrt". In einer Begrüßungsrede heißt es: „Mit der Kraft Ihrer Persönlichkeit haben Sie der schwedischen Forschung eine Welt gewonnen, die vom Dunkel der Unwissenheit umhüllt war, und haben sie in bekanntes Land verwandelt. Mit Ihnen ist noch einmal das Licht von Norden gekommen (38)." Ähnlich äußerten sich König Gustav Adolf, der kluge Sohn König Oskars, und Professor Oskar Montelius im Namen der Geographischen Gesellschaft sowie auch der schwedische Kronprinz, ganz zu schweigen von den Zeitungen in aller Welt.

Sven Hedin befand sich auf der Höhe seines Ruhmes, der ihm freilich nur insofern etwas bedeutete, als er auch der Ruhm Schwedens war. Allein, die Neider schliefen nicht. Die „Vossische Zeitung" in Berlin behauptete, die Quellen des Indus und Brahmaputra seien schon früher entdeckt worden. Ein wütender, nachgerade absurder Angriff erfolgte von einer Seite her, die niemand hätte voraussehen können. August Strindberg, Schwedens genialer Dichter, dessen Gemüt sich von Jahr zu Jahr mehr verdüsterte, bis er im Wahnsinn endete, veröffentlichte nach einer noch sachlichen Auseinandersetzung über geographische Probleme am 18. Juli 1910 im „Aftontidningen" einen Artikel mit der Überschrift „Humbug". Nachdem er die Taten Stanleys, Nordenskjölds, Cooks und Pearys mit giftigem Spott herabgewürdigt hatte, fragte er: „Hat Sven Hedin neue Länder entdeckt? Nein! Warum sollte sich die Nation an Landungsbrücken und auf Bahnsteigen versammeln, wenn er ankommt (38)?" Die Tätigkeit Hedins bezeichnete er als ein „Hinterherkläffen", den Forscher als „Epigonen". Ferner behauptete er: „Hedin kann die Sprache des Landes nicht und ist in den Naturwissenschaften, den Altertümern und der Geschichte wenig bewandert", und endet dann mit der Frage: „Gibt es denn keine Grenze für die Frechheit?" Damit machte der an Verfolgungswahn leidende Dichter sich zum Wortführer jener damals noch dünnen Schicht von Leuten, die sich in den bereits überalterten Gesellschaften der Jahrhundertwende zu kurz gekommen wähnten und sich rächten, indem sie alles herunterzureißen suchten, was über den Durchschnitt hinausragte und ihnen unerreichbar war.

Bei einem Vortrag vor der Royal Geographical Society in London am 8. Februar traf Hedin auch mit seinem alten Gegner Lord Morley of Blackburn zusammen, der ihn einen „geborenen Geographen" nannte, „einen Mann von Gefühl, der gerecht zu denken vermag ... Soviel ich weiß, hat es auf keiner seiner Expeditionen Blutvergießen gegeben, nirgends hat er Übelwollen hervorgerufen ... Dr. Sven Hedin hat heute abend seine Rache gehabt, denn er hat mich als Gefangenen vor seinen Wagen gefesselt, allerdings als unbußfertigen Gefangenen, und es freut mich sehr, daß ich selbst in der Lage bin, ihm zu der großen Tat, die er trotz alledem vollbracht hat, zu danken (38)". Damit war ein jahrelanger Streit aufs freundlichste beigelegt. Andere indes zeigten sich nicht so großmütig wie Lord Morley, sondern suchten seine Verdienste in Frage zu stellen. So äußerte nach einem zweiten, mehr fachwissenschaftlichen Vortrag Sir Thomas Holdich Zweifel an der Berechtigung Hedins, das von ihm entdeckte und erforschte Gebirge „Transhimalaja" zu nennen.

Wie auch immer, Ehrungen aller Art wurden dem Forscher reichlich zuteil. Zwei Goldmedaillen der Royal Geographical Society besaß er schon; ein Geldgeschenk in Höhe von hundert Pfund wies er zurück. Er wurde vom englischen Königspaar und vom Prince of Wales empfangen, in Cambridge wie in Oxford zum Ehrendoktor ernannt. Bei dieser Gelegenheit sagte Professor Love, daß Hedin ein würdiger Nachfolger Marco Polos, Columbus' und Alexander von Humboldts sei. Und so ging es fort — in Paris, in Berlin, wo ihm der Kaiser die große goldene Medaille für Wissenschaft und Kunst verlieh, die Gesellschaft für Erdkunde aber die erst dreimal vergebene Humboldt-Medaille.

Solch Jubel und Trubel trübte ihm indes nicht den Blick dafür, wie sehr es im Gebälk des Monumentalbaues Europa knisterte und krachte. Auf einem Bankett der Deutsch-Asiatischen Gesellschaft betonte er mit Schärfe, „keine europäische Nation habe das Recht, sich auf Chinas Kosten zu bereichern (38)". Und in Stockholm ermahnte er die Studenten: „Die Hauptsache ist, daß man weiß, was man will, an Gott glaubt und an sich selbst und dann weder nach rechts, noch nach links abweicht ... Vor allem müssen wir uns stets daran erinnern, daß es gilt, das Vaterland zu beschirmen und unsere Jahrhunderte alte Kultur zu beschützen (38)."

Neben den vielen Vortragsreisen und Festlichkeiten arbeitete Hedin unentwegt an seinem dreibändigen Werk „Transhimalaja", über dessen

Herausgabe am 24. März in Leipzig mit dem Verlag F. A. Brockhaus ein Vertrag geschlossen worden war.

Während der folgenden Jahre, die er zumeist mit Reisen in Europa, Vorträgen und der Niederschrift seiner Bücher verbrachte, bereitete sich die Katastrophe der zivilisierten Welt vor. Da war die Marokko-Affäre, bei der Kaiser Wilhelm II. dem Sultan Schutz seiner Souveränität gegen das von Italien und Rußland unterstützte Frankreich versprach und damit Deutschland völlig isolierte. Die zweite sogenannte Friedenskonferenz in Den Haag teilte Persien in eine russische und eine englische Einflußsphäre mit der albernen Begründung, Schah Mohammed Ali Mirza sei „zu asiatischen Regierungsformen" zurückgekehrt. Noch treibt ein schrankenloser Imperialismus seine Blüten, zugleich aber regt sich in den Volksmassen der zivilisierten Länder, wie zuvor schon in Rußland, ein neues Selbstgefühl, das Verlangen nach sozialer Gerechtigkeit. Republikaner erschießen in Portugal König Karl I. und den Kronprinzen, vertreiben im Jahre darauf Manuel II. und rufen die Republik aus. Sultan Abdul Hamid II. wird durch den Aufstand der Jungtürken zur Abdankung gezwungen. Italien besetzt Tripolis, was zum Krieg mit der Türkei führt. In aller Welt wird offen oder heimlich gerüstet. Geheimverträge, die den offiziellen Vereinbarungen zwischen den Nationen stracks zuwiderlaufen, werden geschlossen. In China kommt es zur Revolution.

Vor diesem Hintergrund muß man die Ansichten und das Verhalten des Forschers Hedin sehen. Erfuhr er, der mit den Großen der Welt, mit Kaisern, Königen, Staatsmännern, Industriemagnaten, ja selbst mit dem Papst bekannt war, mit nicht wenigen unter ihnen auf vertrautem Fuße stand, nicht so manches, was den breiten Volksschichten verborgen blieb? Als Sir Walter Lawrence, Lord Curzons Privatsekretär, zu Besuch in Stockholm weilte, sprach er mit diesem alten Freund aus Indien oft über den seiner Meinung nach unvermeidlichen Krieg zwischen Deutschland und England, den er für nahe bevorstehend hielt.

Im Jahre 1911 hatte der schwedische Reichstag angesichts der bedrohlichen Zeitverhältnisse beschlossen, ein neues großes Panzerschiff bauen zu lassen; dieser Beschluß wurde noch im selben Jahr durch das Ministerium vorläufig aufgehoben, was heftige Unruhe unter der Bevölkerung hervorrief. Die Gefahr für sein Heimatland, die von Rußland her drohte und die er gewiß deutlicher erkannte als die meisten seiner Landsleute, veranlaßte Hedin, am 25. Januar 1912 seinen „Warnungsruf" (9) zu veröffentlichen, der in Millionen von Exemplaren verbreitet wurde: „Wir, die in den Parteistreitigkeiten nicht blind geworden sind und die Gefahren von außen nicht vergessen haben, wir richten an unsere Landsleute aller Farben unsere Warnungsworte, solange es noch Zeit ist. Gebt acht! Gebt acht auf die Zeichen der Zeit!" Er war kein Politiker, aber ein Patriot, erfüllt von banger Sorge um die Sicherheit und Freiheit der Heimat, um den Fortbestand der in Jahrhunderten errungenen Kultur. Ihm, der in den zwölf Jahren seiner Reisen so vieles erduldet hatte, erschien es unbegreiflich, wie man über die Härten des Militärdienstes klagen konnte: „Eine starke Verteidigung ist in unseren Tagen der sicherste, ja der einzige Schutz des Friedens. Die Abrüstung, der Mangel an gutem Willen ist gleichbedeutend mit freiwilliger Erklärung der Unzulänglichkeit, nationaler Knochenerweichung und Dekadenz (9)."

Das schrieb ein Mann, der niemals seine Waffe auf irgendeinen Menschen, nicht einmal gegen tangutische Räuber gerichtet, wohl aber seinen Mut in tausend Gefahren und Mühsalen bewiesen hatte. Es war zudem gegen die Machtgelüste einer Nation gerichtet, der er Dank schuldete, deren Menschen er schätzte und liebte. Das Echo war ungeheuer. Für Millionen Zeitgenossen, nicht nur in Schweden, wurde die Schrift zum Alarmsignal. Andere wieder entgegneten zornig: „Kriegsgefahr gebe es in diesen aufgeklärten Zeiten nicht, wir hätten Schutz durch unsere Kultur, ein feindlicher Einfall sei durchaus nicht so, wie Dr. Hedin in seiner übertriebenen Phantasiefülle ihn ausmale; warum sollten wir die guten Russen im Verdacht haben, daß sie gegen uns etwas im Schilde führen (38)." Indes, stand das Nachbarvolk der Finnen nicht schon seit Jahren in schwerstem Ringen um Selbstbehauptung gegen die immer drückenderen Russifizierungsversuche? Hatte man nicht erlebt, wie das Zarenreich nach Georgien griff, nach Armenien, nach Anapa, wie es Dagestan unterworfen, China die Amur- und Ussuriprovinz abgepreßt, Westturkestan besetzt hat? Hedin erinnerte unmißverständlich daran. Die Russen strichen ihn daraufhin aus der Mitgliederliste der Russischen Geographischen Gesellschaft — eine erste Zurücknahme wohlverdienter Ehrungen, der noch viele andere folgen sollten.

Den Forscher kümmerte dies wenig. Hatte seine Neigung zur Bekanntschaft und Freundschaft mit hervorragenden Persönlichkeiten bei Neidern den Eindruck erweckt, er sei ein Opportunist oder Snob, so traf dies doch in keiner Weise zu. Er hielt sich nur eben zu Leuten von gleichem geistigen, kulturellen Niveau; er bewunderte Mut, Tatkraft, Wissen und Verstand, Dummheit und Roheit verachtete er oder bemitleidete sie. An jedem Einzelnen liege es, meinte er, sich im Rahmen der vom Schicksal bedingten äußeren Umstände geistig und charakterlich höherzubilden, hatte er doch unter den ärmsten Nomaden Leute von Weisheit und Seelengröße angetroffen und schätzen gelernt. Seine Liebe zu Volk und Heimat wurzelte in solcher Erfahrung wie auch sein Glaube an den schwedischen Arbeiter, „den man, nach seiner Presse beurteilt, nicht sehr hochstellen kann; aber jedesmal, wenn man einen von ihnen persönlich kennenlernt, freut man sich, wenn man sieht, wie prächtig sie sind; doch auch hier gilt wie stets die Regel, daß die Masse tiefer steht als die Einzelwesen, die sie bilden (38)".

In den Jahren zwischen 1911 und 1914 hielt er zahlreiche Reden, in denen er das schwedische Volk aufforderte, allen Parteihader zu vergessen, sich zusammenzuschließen gegen den großen Sturm, der bald losbrechen werde. Zwei unvereinbare Gegensätze prallen aufeinander — nicht nur in Schweden, sondern in der ganzen zivilisierten Welt: Der Glaube an Volk und Vaterland als gottgewollte Institutionen auf der einen Seite, auf der anderen der Glaube an die brüderliche Verbundenheit der Proletarier aller Länder gegen ihre angeblichen Ausbeuter und Unterdrücker. Auf welcher Seite Sven Hedin steht, der so viele verschiedene Völker und ihre Geschicke kennt und daher Vergleiche ziehen kann, ist keine Frage. Er, in dessen Augen die abendländische Kultur das Höchste vom Menschen bislang erreichte ist, sieht mit Bangen — und hat es schon damals in Kaschgar am Beispiel der Missionare gesehen —, wie die Träger dieser Kultur, ihre eigenen ethischen Grundsätze verleugnend, einem rein materialistischen Denken verfallen, dessen Ziele Macht, Reichtum, Wohlleben auf Kosten der Schwächeren sind. Seiner Meinung nach aber kann der gewaltsame Umsturz, wie er sich in manchen Ländern bereits abzeichnet, nicht das rechte Mittel sein, die Verblendeten von ihrem Irrweg abzubringen, noch gar die allgemeinen Lebensverhältnisse zu verbessern. Von vielen wird er umjubelt, von vielen beschimpft, beargwöhnt, vorsätzlich mißverstanden. Die einen nennen ihn einen Bolschewisten, weil er seine Liebe zum einfachen russischen Menschen nicht verhehlt und keineswegs blind ist für die Mängel des Zarenregimes, die anderen einen Snob und Herrenknecht, wieder andere einen landfremden Juden, da einer seiner Urahnen vor vier Generationen jüdischen Glaubens gewesen war. Spottend hier, dort bewundernd spricht man von ihm als dem „Trompeter" und schickt ihm Kindertrompeten ins Haus.

Was immer man gegen seine Meinungen angeführt hat, er behielt recht. „Wir brauchen jetzt nicht länger zu weissagen", hieß es am 3. August 1914 im „Svenska Dagbladet", „wir können sehen und feststellen, was der Krieg der Zukunft ist, ob er möglich ist oder nicht, ob der Sieger ebenso schlecht davonkommt wie der Besiegte, oder ob keiner gewinnt und keiner verliert ... Jetzt werden wir die Antwort erleben, nachdem Deutschland darangegangen ist, den eisernen Ring zu sprengen, der seit einem Jahrzehnt heimlich um Deutschland gespannt worden ist (38)." Sollte Deutschland besiegt werden, Rußland als Sieger aus dem Ringen hervorgehen, so würde Schweden aufs schwerste gefährdet sein, das war Hedin vollkommen klar. Mehr noch bestimmte ihn ein Gefühl tiefer Verbundenheit mit dem deutschen Volk, sich mit seinen Sympathien auf dessen Seite zu stellen, wiewohl er wünschte und es für klug hielt, daß Schweden neutral bleibe. Es schmerzte und erbitterte ihn nicht wenig, als dann auch England in den Krieg gegen Deutschland eintrat — dies, wie einige seiner englischen Freunde klagten, obendrein Seite an Seite mit ihrem Erbfeind Rußland und mit den serbischen Königsmördern. Seine Überzeugung, daß dieser Krieg sinnlos, ein nicht wieder gutzumachendes Unheil für Europa, ja für die ganze Welt sei, verleugnete er nicht: „Ein russischer Sieg ist für alle kriegführenden Staaten viel gefährlicher als ein deutscher! Denn ein übermächtiges Rußland wird ganz Europa, einschließlich Englands und seines indischen Reiches, bedrohen, ein siegreiches Deutschland aber niemals eine Bedrohung Europas bedeuten (12)."

Im Feuer der Fronten

„Die Kirchenglocken hatten aufgehört zu läuten. Keine schwedischen Männer wurden mehr zu den Waffen gerufen. Die Ruhe war wieder in Stockholm eingekehrt, und nur ab und zu begegnete man einem Trupp Landsturmleute, die beim Ein- oder Ausrücken durch die Straßen zogen. Das tägliche Leben ging wieder seinen alten, gewohnten Gang, und man hätte kaum glauben mögen, daß draußen der Weltkrieg raste, wenn nicht die Zeitungen mit ihren großen schwarzen Überschriften und ihrem schicksalsschweren Inhalt immer wieder daran erinnert hätten (12)."

Hedin brauchte nicht daran erinnert zu werden, daß es bei diesen schrecklichen Ereignissen um die Zukunft Europas, nicht zuletzt um das Schicksal Schwedens ging. Er kannte wie kaum ein anderer die Hintergründe dieses aberwitzigen Krieges, vor dem er so oft und so eindringlich gewarnt hatte. Er ließ sich von den Haßtiraden der Weltpresse, den Lügen gewissenloser Fanatiker nicht verblenden. Nicht nur Deutschland und die Deutschen kannte er ganz genau, sondern ebenso auch Rußland, Frankreich und England. Unter allen beteiligten Nationen besaß er Freunde, nicht wenige von ihnen hochgestellt und mit weitem Überblick, so daß sein Bild von den Geschehnissen gewiß umfassender war als das der Angehörigen der im Kampf miteinander stehenden Parteien.

Die deutsche Reichsführung hatte den Wert einer weltweiten Propaganda noch nicht erkannt, wie es denn überhaupt nicht dem Wesen des Deutschen entspricht, eine Sache, die er für gerecht hält, durch Unwahrheiten zu rechtfertigen. In England und Frankreich hingegen war man von Anbeginn darauf bedacht, mit Hilfe von Greuelmeldungen die Weltöffentlichkeit gegen Deutschland aufzubringen und den Kriegseintritt Amerikas propagandistisch vorzubereiten. Von abgehackten Kinderhänden war da die Rede und — wurde geglaubt, von der Verwertung

---

Der Hohe Rat von Lhasa bietet die Milizen des Landes auf, um den Forscher am weiteren Vordringen zu hindern. Tibetanische Schützen mit ihren nicht sehr wirkungsvollen Gabelflinten bewachen sein Zelt.

Unermüdlich geht Hedin seiner Forschertätigkeit nach. Hier schickt er sich soeben an, mit Hilfe seines Faltbootes die Tiefe des Ajag-kum-köll im nordöstlichen Tibet auszuloten.

deutscher Soldatenleichen zur Fettgewinnung — Erzeugnisse einer krankhaft abstrusen Phantasie, die den redlich empfindenden Hedin aufs äußerste empörten, einmal, weil sie sich gegen ein Volk richteten, in dessen Kultur er seine geistige Heimat sah, zum anderen, weil er in solchem Verleumden eine Beleidigung seiner idealistischen Vorstellungen vom abendländischen Menschen überhaupt erblickte. Konnte das sein, was man so vernahm? Hatte das Volk der Dichter und Denker sich wirklich zu Mordbrennern und Hunnen gewandelt? Da gab es nur eines: den Dingen an Ort und Stelle auf den Grund zu gehen!

Am 11. September 1914 reiste Hedin nach Berlin, entschlossen, die Wahrheit, wie immer sie aussehen mochte, an den Tag zu bringen. Schon im Zuge sieht er seine bisherige Vorstellung von den Deutschen bestätigt: Ruhe, Ordnung, heitere Siegeszuversicht, keinerlei Anzeichen von Parteihader oder sonstiger Mißstimmung unter den Mannschaften, Offizieren und Zivilisten, die das Coupé mit ihm teilen. Ein gleiches erlebt er in Berlin: „In Deutschland wohnt in diesen Tagen nur ein einziges Volk aus einem Guß. Es gibt nur eine einzige Partei — die der Soldaten. Alle kennen nur ein einziges Ziel. Jedermann weiß, daß es in diesem Krieg Deutschlands Leben oder Sterben gilt, und alle denken dieselben Gedanken, hegen dieselben Hoffnungen, beten dieselben Gebete, vom Kaiser angefangen bis zum Straßenjungen (12)." Und er, der neutrale Nordländer, sieht nun schon weit voraus in die düstere Zukunft: „Alle politischen Probleme der nächsten Zeit müssen ohne Zweifel ihre Wurzeln in diesem großen deutschen Kriege haben. Gehen beide kämpfenden Machtgruppen mit stark verringerten Kräften aus dem Streit hervor, so ist er in seinen erlöschenden Funken der Keim zu einem neuen, vielleicht noch mehr verheerenden Weltbrand (12)."

Seiner Bitte, die Front besuchen zu dürfen, wurde von der obersten Heeresleitung ohne weiteres stattgegeben; ein Offizier als Begleiter und ein Wagen wurden ihm gestellt. Die Autofahrt quer durch das von Feinden eingeschlossene Deutschland jener uns Heutigen schon so fernliegenden Zeit mutet den Leser seines Berichtes an wie eine Odyssee. Hatte Hedin es fertiggebracht, einer staunenden Welt das Bild des geheimnis-

---

Auf seiner Weltreise besuchte Hedin 1923 auch — diesmal als Tourist — den Gran Cañon in Arizona, USA, der ihn durch seine Schönheit sowohl wie vor allem auch als „geologisches Lehrbuch der Jahrtausende" tief beeindruckte.

Sven Hedin im Gespräch mit Tschiang Kai Schek, dem damals mächtigsten Manne Chinas, und dessen Frau. Der Generalissimus nahm nicht nur lebhaft Anteil an den Reisen des Forschers, sondern erwies sich auch als tatkräftiger Förderer seiner weiteren Pläne.

vollen Tibet plastisch vor Augen zu stellen, so gelang ihm jetzt etwas Ähnliches mit dem Deutschen Reich; alles vertraut — die vom Scheinwerfer des Autos aus nächtlichem Dunkel gehobenen Chausseen, die fleißig auf den Feldern arbeitenden Frauen und Kinder, die Marschkolonnen feldgrauer Truppen, die blauröckigen Landsturmposten an den Brücken, die freundlichen behaglichen Dörfer mit ihren Fachwerkhäusern, sanft gerundete Berge, im Herbstgold prangende Wälder. Und doch erscheint uns all das in einem nahezu märchenhaften Licht, gesehen mit den Augen eines Fremden, empfunden mit einer Einfühlsamkeit und Herzenswärme, die in der Gegenwart nicht ihresgleichen findet.

Da sind die ersten Kriegslazarette in Ems an der Lahn. Hedin sieht das Leiden von Freund und Feind, sieht, daß die Gegnerschaft hier schweigt, daß es keine Unterschiede gibt, sondern nur leidende Menschen, englische, französische, deutsche, sie alle dem gleichen bösen Geschick unterliegend. Es bekümmerte ihn, daß er den Angehörigen verwundeter Kriegsgefangener keine Nachricht zukommen lassen durfte. Doch schon gehen seine ersten Berichte hinaus in die Welt; sie widerlegen die Behauptung der Alliiertenpresse, daß Gefangene von den Deutschen schlecht behandelt würden.

Über Koblenz, wo damals am Deutschen Eck noch das Reiterdenkmal des alten Kaiser Wilhelm stand mit der Inschrift: NIMMER WIRD DAS REICH ZERSTÖRET, WENN IHR EINIG SEID UND TREU, und Trier geht die Fahrt nach Luxemburg, zum Hauptquartier. Der Generalstabschef von Moltke nahm Hedin mit großer Freundlichkeit auf. Alles wurde hier aufs beste geordnet für die Reise zur Armee des Kronprinzen, die sich in wenigen Stunden erreichen ließ. Ein Mittagessen beim Kaiser im Hause des deutschen Gesandten ging der Abfahrt voraus. Schon ehedem, bei seiner ersten Begegnung mit Wilhelm II., hatte der Kaiser einen unauslöschlichen Eindruck auf den Forscher gemacht; nun aber, nach diesem neuen Zusammentreffen unter so dramatischen Zeitumständen, war Hedin völlig für den Monarchen gewonnen. Seine begeisterte Schilderung der Persönlichkeit Wilhelms II., seines Auftretens, seiner Meinungen weicht in jeder Hinsicht von den Darstellungen anderer Zeitgenossen und späterer Kritiker ab. Ließ sich der sonst so scharfsinnige, unbestechliche Forscher blenden oder urteilte er als Fremder, als Neutraler, am Ende richtiger, gerechter? „... Ein Bild der Mannhaftigkeit, Entschlossenheit und offenen Ehrlichkeit. Ihn umkreisen die Gedanken der ganzen Welt; er ist Gegenstand der Liebe, blinden Vertrauens, der Bewunderung, aber auch der Furcht, des Hasses und der Verleumdung ... Seine Absichten werden verdreht, seine Worte mißdeutet, seine Handlungen zu Verbrechen gestempelt (12)."

Wie auch immer, man darf Hedin glauben, daß er das, was er erlebte, dachte oder als Recht empfand, unverblümt aussprach, ohne Rücksicht auf den eigenen Vorteil. Und so erwies er sich, trotz aller Voreingenommenheit für deutsches Wesen, nicht nur als scharfer Beobachter, sondern tat auch alles, um die Weltöffentlichkeit über das Sinnlose und Ungerechte dieses Krieges aufzuklären. Infolgedessen verlor er fast alle seine Freunde in England und Frankreich. Die Presse dieser Länder versuchte, seine Meinungen abzuwerten und lächerlich zu machen, ihn in jeder Weise zu verdächtigen, was ihn freilich wenig kümmerte, war er doch ein Mann von unantastbarer Lauterkeit, dessen Leben keinerlei Angriffspunkte bot. Die Royal Geographical Society strich ihn aus der Liste ihrer Ehrenmitglieder.

Als er am 19. Februar 1915 seinen fünfzigsten Geburtstag feierte, kurz nachdem sein Buch über die Westfront, „Ein Volk in Waffen" (12), erschienen war, beschäftigten sich die Zeitungen, hier abschätzig, dort lobend, mit seiner Person und mit seinem Werk. Unzählige Briefe und Telegramme aus aller Welt, vor allem aber aus Deutschland, flatterten auf seinen Tisch. Aber er ruhte nicht. Schon acht Tage später, am 25. Februar, trieb es ihn wieder hinaus, diesmal nach Osten, an die russische Front.

Wiederum folgten Monate heißen Erlebens, erfüllt von Gefahren und Mühen, von drängenden sorgenvollen Gedanken. Er lernte bedeutende Persönlichkeiten kennen — Hindenburg, Ludendorff, Conrad von Hötzendorf, Erzherzog Joseph Ferdinand, August von Mackensen, Prinz Leopold von Bayern, nicht zuletzt den greisen ehrwürdigen Kaiser Franz Joseph — aber auch eine kaum zählbare Menge einfacher Leute — deutsche Soldaten, russische Kriegsgefangene aus allen Teilen des Zarenreiches, polnische Juden, bukowinische Bauern ... Und wieder ist das Bild, das er entwirft, völlig verschieden von dem, das sich die Weltöffentlichkeit von jenem Kriegsschauplatz macht. Für ihn geht es bei diesem gigantischen Ringen allemal um die Zukunft Europas, um die Freiheit der geliebten Heimat. In den deutschen Soldaten, deren hartes Los er eine Weile teilte, sah er Helden, vergleichbar den Kriegern Karls XII., von deren Sieg oder Niederlage ihm das Wohl und Wehe der abendländischen Kultur abzuhängen schien. Mit Schärfe wendet er sich deshalb gegen alle Verleumdungen: „Ich habe genug von Belgien und von Ostpreußen gesehen, um versichern zu können, daß die Verwüstungen in Ostpreußen unvergleichlich schwerer sind als die in Belgien. In Belgien sind die Deutschen aus Rücksicht auf die Sicherheit ihrer Truppen und ihrer Bewegungen gezwungen gewesen, ein Dorf oder einen Stadtteil einzuäschern, weil die Zivilbevölkerung gegen alles Kriegsrecht die Waffen gegen den Sieger gewendet hat. In Ostpreußen haben die Russen willkürlich alles niedergebrannt und verwüstet, ohne Unterschied und ohne militärische Gründe, besonders während ihres Rückzuges aus dem Lande, aber auch vorher. Ihre Verheerungen sind nicht Strafmaßregeln, sie entstammen reiner Zerstörungslust und denselben Raubtierinstinkten, die so oft in den alten schwedischen Ostseeprovinzen Schrecken und Entsetzen verbreitet haben.

An den sieben Punkten, wo ich die Grenze zwischen Ostpreußen und Rußland überschritt, konnte ich den Unterschied zwischen deutscher und russischer Kultur beobachten: Die Russen haben diesseits der deutschen Grenze alles zerstört, die Deutschen jenseits der russischen Grenze nichts (13)."

Hedin zeichnete und fotografierte, wo immer sich eine Gelegenheit bot, zumeist unter den schwierigsten Verhältnissen. Vorzügliche Charakterköpfe gelangen seinem Stift. Ungeachtet seiner bitteren Kritik am Verhalten der Russen kommt doch immer wieder seine Zuneigung zum einfachen russischen Menschen zum Ausdruck. Er ahnt, daß dieser Krieg das Ende der Zarenherrschaft bedeuten wird. Nachdem er sich im Norden, wo entscheidende Ereignisse nicht mehr zu erwarten waren, genügend umgeschaut hatte, wandte er sich nach Süden, zur Karpatenfront. Hier wurde er in Ratibor, dem Hauptquartier der österreichisch-ungarischen Armee, vom Chef des Generalstabes, General der Infanterie Freiherr Conrad von Hötzendorf, herzlich willkommen geheißen. Krakau mit seinen Gräbern polnischer Könige in der Domkirche, eine erregende Fahrt durch die Bukowina waren Höhepunkte dieser Reise. Nicht weit von dem kleinen Dorf Toronya in den Karpaten geriet Hedin, als er deutsche Stellungen besuchte, in feindliches Feuer. Obwohl ihm der Tod bei dieser Gelegenheit recht nahe gewesen ist, verschmäht er in seinem Bericht jede Bemerkung über die eigenen Empfindungen. Statt dessen bemitleidet und bewundert er die Kämpfer auf beiden Seiten und verwünscht den Krieg, der so schwere Opfer fordert an Gut und Blut — und dies nur zum Nutzen jener, die fern vom Schuß die Früchte ernten werden. Auf dem Feldflugplatz Iza, nördlich von Huszt, bot sich ihm die Gelegenheit, mit einem der damaligen primitiven Doppeldecker einen Erkundungsflug über den Fronten zu machen. Hedin hätte nicht Hedin sein müssen, würde er diese Gelegenheit, etwas völlig Neues zu erleben, nicht beim Schopfe ergriffen haben.

Was ihn zuinnerst beschäftigte, war die Seele des russischen Soldaten und der charakterliche Unterschied zwischen ihm und dem deutschen und englischen. Ergreifend sind die Briefe russischer Gefallener, die er in seinem Buch (13) anführt, aber es sind Briefe von Leuten, „die sich durch ihre Gewalttaten und Grausamkeiten in Ostpreußen mit Schande bedeckt haben (13)". Hedin führt das auf die jahrhundertelange Leibeigenschaft zurück: „Die russische Volksseele ist ein Tummelplatz von Extremen ... Und doch, wenn man den Ton dieser russischen Briefe mit dem der englischen Presse vergleicht, scheint der russische Bauer an Seelenadel und Herzensreinheit auf einem weit höheren Kulturniveau zu stehen als der englische ‚Gentleman' (13)."

In Przemysl traf er, nachdem die Stadt gefallen war, mit dem deutschen Schriftsteller Ludwig Ganghofer zusammen, der für Münchener und Wiener Blätter Kriegsberichte schrieb und „trotz seiner sechzig Jahre noch die Gesundheit eines Jünglings und die Kraft eines Bären hatte", stets bereit, „von seinen merkwürdigen Lebensabenteuern zu erzählen und eine Anekdote nach der anderen zum besten zu geben (13)". Und Ganghofer war es dann auch, der als einer der ersten Zivilisten in das eroberte Lemberg einzog; er hatte „mit echt bayerischer Todesverachtung ein Fort mit gestürmt (13)".

Der auf der Heimreise begriffene Hedin wurde am Sonntag, dem 4. Juli, im Schloß Schönbrunn zu Wien vom alten Kaiser und König Franz Joseph empfangen. Der fünfundachtzigjährige Monarch, liebenswürdig und so geistig frisch wie in jungen Jahren, erfüllte den Forscher mit Hochachtung und Mitgefühl: „Ist es eine Übertreibung, wenn man sagt, daß kein jetzt Lebender und in der Vergangenheit nur wenige so hart geprüft worden sind wie Kaiser Franz Joseph? Gewaltsam wurde er seiner Nächsten beraubt, seines Bruders, seiner Gemahlin, seines einzigen Sohnes und des Fürsten, der nach ihm die Monarchie regieren sollte. Kein menschliches Verbrechen war zu schändlich, kein Unglück zu groß, als daß es sich nicht in seiner unmittelbaren Nähe ereignet hätte ... Er steht da als der Letzte einer Generation, die längst dahingegangen, und sein Name gehörte schon der Geschichte an, als die Welt noch nicht wußte, wer Bismarck war ... Den Hohn des fremden Pöbels beachtet er nicht. Er steht zu hoch, als daß die Roheiten der Entente-Presse ihn treffen könnten (13)."

Diese Presse beschäftigte sich von nun an auch ausgiebig mit Sven Hedin. Man unterstellte ihm, aus finanziellen Gründen für eine deutsche Presseagentur tätig zu sein, ihm — dem Geld nichts bedeutete, Wissen und Wahrheit hingegen alles! Es mag sein, daß er — allzu romantisch — in den Deutschen die Vollstrecker der Ideen des von ihm so sehr bewunderten Karls XII. sah, der von den Scharen Peters des Großen 1709 bei Poltawa besiegt worden war, doch hatte dies nichts mit seiner politischen Grundeinsicht zu tun, daß die Russen nun einmal seit eh und je zum Weltmeer drängten und damit auch den Frieden und die Freiheit Schwedens bedrohten. Seine Gegner in der Heimat waren, abgesehen von den notorischen Russenfreunden, vor allem die Sozialisten; sie hielten ihn — zu Unrecht — für einen Steigbügelhalter der Kapitalisten und Imperialisten, jener Leute also, deren Vorgehen in Asien er so oft und so scharf angeprangert hatte. Nein, ein Politiker war Hedin gewiß nicht, vielmehr ein Mann der Wissenschaft, ein Humanist und Individualist von hohem Mut und unbestechlicher Rechtschaffenheit, der für sein Tun und Lassen kein anderes Gesetz anerkannte als das des eigenen Gewissens vor Gott.

Am 8. Juli verließ er die Ostfront; am 2. September lag das Buch über seine Erlebnisse druckfertig vor und erschien gegen Ende des Jahres — in Deutschland unter dem Titel „Nach Osten!". Das Honorar für sein Buch von der Westfront, „Ein Volk in Waffen" — 75.830 Mark —, überwies er dem Deutschen und dem Österreichisch-Ungarischen Roten Kreuz.

Nicht wenige seiner ihm verbliebenen englischen Freunde, unter ihnen Sir Francis Younghusband, begriffen seine pro-deutsche Haltung nicht und wandten sich von ihm ab. Sir Dunlop Smith hingegen, der einstige Privatsekretär Lord Mintos, mit dem ihn seit seinem ersten Besuch in Simla eine enge Freundschaft verband, schrieb an Alma Hedin: „Trotz allem, was Sven gegen mein Land gesagt und geschrieben und gehandelt hat, kenne ich ihn als Menschen wie als Freund so gut, daß ich trotz meiner Betrübnis weiß, es ist kein Schimmer von Unehrlichkeit und Treulosigkeit in ihm (38)."

Zwischen Bagdad und Suez

Wie so vieles andere, hatte der Krieg auch die geographische Forschung fast ganz zum Erliegen gebracht. Sein offenes Eintreten für Deutschland machte es Hedin unmöglich, die Arbeit in Innerasien dort wieder aufzunehmen, wo sie unterbrochen worden war. Das seiner eigentlichen Lebensaufgabe so fern liegende Zwischenspiel an den Fronten Europas war von Engländern wie Russen so übel vermerkt worden, daß er nicht hoffen durfte, unbehelligt nach Chinesisch-Turkestan oder gar nach Tibet zu gelangen. Tatenlos hinter dem Ofen zu hocken, das lag ihm jedoch nicht. Was tun? Vom Geschützdonner und Blutvergießen der Fronten hatte er vorerst genug; unwiderstehlich lockte ihn der Orient.

Daß die Türkei an der Seite der Mittelmächte Deutschland und Österreich in den Krieg eingetreten war, hatte seinen Grund nicht so sehr in der Vorliebe der Osmanen für die Deutschen als vielmehr in der geopolitischen Situation ihres Landes, die in etwa der Schwedens glich. Die Russen drängten zum Weltmeer, wenn schon nicht durch Skandinavien, dann durch die Dardanellen. Schon Peter der Große hatte erklärt, Ziel seiner Politik sei die „Befreiung Zarigrads", Konstantinopels nämlich. Wie sich am Beispiel Griechenlands erwies, das dem Krieg hatte ausweichen wollen und nun ausgehungert, machtlos, unter fremder Besetzung seufzte, kam Neutralität für die Türkei nationalem Selbstmord gleich, war doch schon 1915 ein geheimes Abkommen zwischen Großbritannien, Frankreich, Italien und Rußland getroffen worden, in dem das Recht des letzteren auf die Meerengen und auf Konstantinopel grundsätzlich anerkannt wurde. Auch nach dem Ausbruch der Revolution in Rußland, im März 1917, sollte sich an dem russischen Anspruch auf die Dardanellen gar nichts ändern. Was blieb den Türken anderes übrig, als sich ihrer Haut zu wehren?

Hedin war des Glaubens, der Sturz des Zaren werde das Schicksal der Entente besiegeln und dem Deutschen Reich die Rolle eines Neuordners der europäischen Verhältnisse zuweisen. Nach dem schlimmen Erleben der Front verlangte es ihn nach friedlicher Forschertätigkeit. Und so reiste er am 24. Februar 1916 über Berlin nach Konstantinopel, um „die Weltreiche des Altertums, Assyrien und Babylonien, und die Ergebnisse der modernen Forschung auf diesem ehrwürdigsten Boden der Erde kennenzulernen (14)".

Die Türkei sah sich zu diesem Zeitpunkt durch die Alliierten von allen Seiten her arg bedrängt; ohne den Beistand der deutschen Truppen wäre sie der Übermacht gar bald erlegen, obwohl der Angriff englischer und französischer Flottenverbände auf die Dardanellen im März 1915 mit der Versenkung von vier großen Panzerkreuzern bei Gallipoli geendet hatte und auch alle anderen Versuche, wie etwa der Vorstoß Townshends vom Persischen Golf her gegen Bagdad, durch den Sieg der Türken bei Ktesiphon im November des gleichen Jahres, gescheitert waren.

Infolge der unsicheren Lage erhielt Hedin in Konstantinopel, wo er zwei Wochen zubringen mußte, nur einen Paß bis Aleppo, da es Zivilisten verboten war, sich in den Kampfgebieten Mesopotamiens aufzuhalten. In Aleppo, das er nach abenteuerlicher Fahrt, teils mit der noch nicht ganz fertiggestellten Bagdad-Bahn, teils im Fuhrwerk, nach sieben Tagen erreichte, sollte er abwarten, was das Oberkommando der türkischen Armee über sein weiteres Schicksal beschließen werde. „Minister Enver Pascha hatte mir die Erlaubnis zur Reise durch Kleinasien bis nach Bagdad nur unter der Bedingung erteilt, daß Feldmarschall von der Goltz, der von Bagdad aus die 6. Armee befehligte, keine Bedenken dagegen habe (14)."

Von der Goltz, sein alter Freund, hatte nichts dagegen einzuwenden. Ein Telegramm Enver Paschas ermächtigte Hedin, nach Bagdad zu reisen oder wohin er sonst wolle. Der Versuch, mit einer deutschen Autokolonne nach Mossul zu gelangen, schlug indes fehl; die Wagen blieben im Schlamm der durch die Frühlingsregen aufgeweichten Steppe stecken. Nur 320 Kilometer betrug die Entfernung, unter normalen Verhältnissen zwei Tagereisen für Automobile. Aber zwei höchst unangenehme Wochen mußte Hedin mit seinen deutschen Gefährten in der Einöde verbringen, bevor er nach Aleppo zurückkehren konnte. Anstatt auf günstigeres Wetter zu warten, beschloß er, im Boot den Euphrat hinabzufahren, wie er es einst auf dem Tarim getan. Er begab sich per Bahn nach Ras-el-Ain, wo Kapitänleutnant von Mücke, der berühmte Kommandant des deutschen Hilfskreuzers AYESHA, die Euphratfluß-Abteilung und eine Marinewerft leitete. Ein Schahtur, eines der landesüblichen Doppelboote, wurde Hedin zur Verfügung gestellt. Und am Abend des 12. April legte das mit vier Leuten bemannte Fahrzeug vom Ufer ab.

Damit begann eine ebenso idyllische wie keineswegs ungefährliche Flußreise auf dem ehrwürdigen Strom, der so viele Kulturen hat aufblühen und vergehen sehen. Schreckliche Gewitterstürme, wie sie in Mesopotamien häufig auftreten, bedrohten das gebrechliche Boot bisweilen mit Strandung und Untergang. Hedin nahm eine Karte des Flußlaufes auf, besuchte die Zelte der am Ufer lagernden Nomaden. Vor allem bekümmerte ihn die trostlose Lage der aus den Kampfgebieten im Norden geflüchteten Armenier, die — von Russen wie von Türken gleicherweise verfolgt und bedrückt — hier in ihren Lagern dem Hungertode überantwortet waren. Er wandte sich mit Schärfe gegen die entstellenden Berichte der Engländer: „Ich zweifle nur, ob hier die reine, unverfälschte Menschenliebe am Werke ist. Denn diese macht keinen Unterschied zwischen Armeniern und Belgiern einerseits und Ostpreußen, Polen und russischen Juden andererseits! Neben der Religionsheuchelei ist nichts so verabscheuenswert wie der Schwindel, der unter der Maske der Barmherzigkeit nichts anderes als politische Geschäfte treibt und die Leiden anderer ruchlos ausbeutet, um politische Gegner, die Türken und ihre Verbündeten, verhaßt zu machen (14)."

In Hit erfuhr Hedin, daß Feldmarschall von der Goltz am 19. April gestorben, der englische Oberbefehlshaber zehn Tage später bei Kut-el-Amara geschlagen und mit 13.000 Mann in Gefangenschaft geraten war. Als sein Schahtur am Landeplatz Risvanije, unweit von Bagdad, festmachte, hatte er 1.040 Kilometer auf dem Strom ohne schwerere Unfälle zurückgelegt. Spät in der Nacht, bei wahrhaft ägyptischer Finsternis, zog Hedin in die Stadt des Kalifen ein und ließ sich von Arabern nach einem Hause führen, in dem Deutsche wohnten. Aber niemand schien hier mehr wach zu sein. Ein aus dem Schlaf geschreckter Diener wies ihn in ein leeres Zimmer, wo er sich zur Ruhe legte, ohne zu wissen, wo und bei wem er sich befand. Anderen Tages stellte sich dann heraus, daß der Raum Professor Tafel, dem deutschen Tibetforscher, gehörte, einem alten Freund und Studiengenossen Hedins aus dem Richthofen-Kreis.

Seit jenem Abend des 4. Juni 1886, da er die Stadt zum ersten Mal betreten hatte, fand Hedin sie sehr verändert. Kaufmann Hilpern, sein damaliger Gastgeber, war nicht mehr aufzufinden, das letzte Wasserrad aus dem Weichbild Bagdads verschwunden, das rechte Tigrisufer mit unschönen Neubauten bedeckt. „Alles ist grau in grau ... Bagdad liegt öde da in schläfrigem Traum ... Auch die Menschen tragen zum Verderben bei (14)", weil sie versuchten, die Stadt zu modernisieren, indem sie die alten ehrwürdigen Relikte aus großer Zeit niederrissen.

Unter anderem besuchte Hedin hier auch den Schriftsteller Armin T. Wegner, der mit hohem Fieber im Krankenhaus lag. Als er im jüdischen Ghetto zeichnete, wurde er von türkischen Polizisten festgenommen, aber sogleich wieder freigelassen, als man herausfand, wer er war. Mit Herzog Adolf Friedrich zu Mecklenburg, den er in Bapaume an der Westfront zum Freund gewonnen und nun hier im Hause des deutschen und amerikanischen Konsuls Richarz wiedergetroffen hatte, wurden Ausflüge in die Umgebung unternommen, so auch nach dem vorläufigen Grabe des Feldmarschalls von der Goltz, der dann später zu Therapia am Bosporus eine würdigere Ruhestätte fand, oder nach den vieltausendjährigen Ruinen von Babylon, wo Professor Robert Koldewey seit zwölf Jahren Ausgrabungen durchführte. Die ältesten Ruinen stammen aus der Zeit der ersten babylonischen Könige, etwa um 2500 v. Chr.; der berühmte Turm Etemenanki, dessen Spitze bis in den Himmel hatte reichen sollen, ist nur mehr ein Trümmerhaufen.

In einer Kerbela, der vierspännigen Postkutsche, fuhr man nach Bagdad zurück. Von dort aus reiste Hedin, da alle Pferde und privaten Fuhrwerke vom Militär beschlagnahmt worden waren, mit der Karawane des Herzogs nach Mossul und den Ruinen von Ninive. Der Weg führte über Samarra, die alte Hauptstadt der Kalifen, wo noch imposante Ruinen von der Kurzlebigkeit menschlicher Herrschaftsträume zeugen, dann über die Königsstadt Assur mit ihren zerfallenen Zikkurats, Palästen und Festungswerken, deren Freilegung durch den Krieg unterbrochen worden war, und auf der Etappenstraße durch das Gebiet arabischer Nomaden.

In Mossul erreichte Hedin die Kunde von der Seeschlacht im Skagerrak sowie auch vom Tode Lord Kitcheners, der am 5. Juni mit dem Panzerkreuzer HAMPSHIRE bei den Orkney-Inseln untergegangen war. Auch die Freundschaft dieses hervorragenden Mannes, dessen Mut, Energie und geraden Charakter er bewunderte und den er für den größten Engländer seiner Zeit hielt, hatte ihn sein Eintreten für Deutschland gekostet. Wenn auch die Mittelmächte mit Kitchener ihren gefährlichsten Gegner verloren, so trauerte Hedin doch sehr um ihn, denn „sein Tod hinterließ in jedem, der ihn kannte, eine große Leere (14)".

Von der alten Seldschukenburg am rechten Ufer des Tigris hinab fällt der Blick auf die Stelle, wo einst Ninive lag. „Keine grauen Massen gewaltiger Mauern, keine Türme mit Zinnen, keine Terrassen von Königspalästen ... Alles ist verschwunden; nur drei ausgedehnte, gleichförmige Hügel mit schroffen Abhängen verraten den Ort, wo vor Jahrtausenden die Hauptstadt des assyrischen Weltreiches blühte. Sonst nichts als graubraune Wüste in glühendem Sonnenbrand (14)".

Mit Professor Tafel, der von Bagdad herübergekommen war, durchstreifte Hedin tagelang die Ruinen, der Worte des Propheten Nahum gedenkend, die auch für unsere Zivilisation wieder Gültigkeit haben: „Wehe der räuberischen Stadt, die voll Lügen und Räuberei ist und von ihrem Rauben nicht lassen will!"

Am 21. Juni brach Hedin, nachdem er sich von Herzog Adolf Friedrich und seinen deutschen Freunden verabschiedet hatte, von Mossul nach Aleppo auf — und zwar auf der Etappenstraße, weil der geplante Kamelritt durch die Wüste infolge der sommerlichen Trockenheit und des Wassermangels undurchführbar geworden war. Zurück blieb Mesopotamien mit seinen vom Staub der Jahrtausende bedeckten Relikten einst blühender Kulturen. „Gleich regelmäßigen Erdbeben und vulkanischen Ausbrüchen hat der Paroxismus der Zerstörung von Zeit zu Zeit die Menschheit heimgesucht ... Reiche sind erwachsen, emporgeblüht und wieder zerfallen; neue treten an die Stelle der alten, und heute ist das Antlitz der

Weltgeschichte abermals dem Lande zugewendet, wo ihre Wiege stand (14)."

Von Aleppo ging es mit der Bahn weiter nach Baalbek in Syrien, der seit alters berühmten „Stadt des Sonnengottes", die bei den Griechen Heliopolis hieß. Ihre gewaltigen Ruinen liegen in 1.150 Meter Höhe auf der Wasserscheide zwischen den Flüssen Orontes und Leontes. Gegen Abend des 5. Juli wurde nach einer interessanten Fahrt durch die Berge des Antilibanon Damaskus erreicht — das „Auge des Orients", wie es der römische Kaiser Julian nannte —, jene Stadt, die von grauer Vorzeit bis zum heutigen Tag immer wieder eine schicksalsträchtige Rolle im Leben orientalischer Völker sowohl als auch der Christenheit und nicht zum wenigsten in der Weltpolitik gespielt hat und auch ferner noch spielen wird.

Nur wenige Tage hatte Hedin sich in Damaskus verweilen wollen; ein schwerer Malariaanfall machte ihm jedoch einen Strich durch alle Pläne, ja, er fürchtete bereits, er werde nimmermehr nach Jerusalem, dem Ziel seiner Sehnsucht seit dreißig Jahren, gelangen. Während er noch auf dem Krankenbett lag, wurde in der Stadt bekannt, daß die Engländer bei Dschidda gelandet seien und sich bereits auf dem Marsch nach Mekka befänden. Die ganze arabische Welt geriet in Aufruhr. Der türkische Oberbefehlshaber Dschemal Pascha kam nach Damaskus, und hier besuchte er auch den noch kranken Hedin. Ohne weiteres wurde dem Forscher gestattet, die Suezfront zu besuchen. Wie das zu geschehen habe und wann, das sollte dann später im Hauptquartier der türkischen Armee auf dem Ölberg verabredet werden.

Noch reiste Hedin, nachdem er wiederhergestellt war, kreuz und quer durch das Heilige Land, fotografierte, zeichnete, sammelte Informationen über Geschichte, Volkstum und Bauwerke seiner Bewohner, da vollzog sich wiederum das Schicksal dieses seit undenklichen Zeiten immer aufs neue von der Kriegsfurie heimgesuchten Landes. „Ägypter und Assyrer, Juden und Mazedonier, Griechen, Syrer und Römer wechselten einander ab; ihnen folgten die Kreuzfahrer und Tempelherren, die Mongolen und Türken, und schließlich pflanzte Napoleon hier noch die Fahne der französischen Republik auf (15)." Vielleicht konnte hier, und nur hier, die Botschaft des Friedens formuliert werden und ein über die Erde hin hallendes Echo finden.

Viele Bücher sind über Palästina und Jerusalem geschrieben worden, Hedins Buch „Jerusalem" (15) ragt aber schon aus dem Grunde über die meisten dieser Schilderungen hinaus, weil es im Geiste humanitärer Toleranz und dennoch nicht ohne Kritik einen ganz persönlichen Eindruck wiedergibt, verbinden sich doch darin die Geschehnisse vieler Jahrtausende mit eigenem Erleben und mit tiefen Erkenntnissen zu einem geschlossenen Bild, der durch Erfahrung geschärfte Blick des Forschers mit den Empfindungen eines menschenfreundlichen Herzens, was seiner

Aussage über die damalige Zeit hinaus Wert verleiht. Von der Grabeskirche zu Jerusalem sagte er: „Das Gräßliche ist, daß hier mit dem Heiligen in großem Maße Geschäft getrieben wird, an diesem Ort, der vor allen anderen auf Erden heilig gehalten werden müßte. Ich habe keine Sehnsucht, das Grab noch einmal zu besuchen (38)." Aber — wo auf der Welt und zu welchen Zeiten wurde und wird nicht mit den heiligsten Gefühlen des Menschen ein Geschäft gemacht?

Am Morgen des 17. August begann die Fahrt zur Suezfront in einem roten Militärwagen, der auf Befehl Dschemal Paschas für Hedin bereitgestellt worden war. Hinter Bethlehem wurde die Landschaft immer einsamer; weder Menschen noch Tiere waren zu sehen. Öder und steiniger werdend, senkten die kahlen Berge von Juda sich zur Wüste hinab. Über die Oase Bir-es-Seba, das Beersheba der Bibel, geht es nach Hafir, von dort über die ägyptische Grenze nach El-Arisch. Die bisher feste Straße verläuft sich in tiefem Sand, der erst wieder im Wadi El-Arisch härterem Boden weicht. Hier war im Februar 1799 die Vorhut des napoleonischen Heeres unter General Reynier durch todesmutige Mamelucken aufgehalten worden. Jetzt lag in dem öden Ort ein deutsches Expeditionskorps, das, von Oberst Kress von Kressenstein befehligt, Dschemal Pascha direkt unterstand. Zum ersten Mal wieder nach zehn Jahren bestieg Hedin ein Dromedar, um einen deutschen Fliegerhorst in der Wüste aufzusuchen. Dann ging es, ebenfalls hoch zu Kamel, nach Westen, zur Front bei Bir el-Masar und im Auto weiter nach Bir Hasana und Ismailia bis dicht vor die englischen Linien, wo ein Reifen platzte und gewechselt werden mußte. Gefährliche Augenblicke! Aber kein Brite zeigte sich.

Über Jerusalem, Konstantinopel und Berlin kehrte Hedin nach Stockholm zurück, wo er am 25. September eintraf. Nur kurz war die Reise durch Mesopotamien, Syrien und Palästina gewesen; sie hatte zwar — sieht man von der Kartographierung des Euphrat ab — keine wissenschaftlichen Ergebnisse gezeitigt, ihm aber doch einen bedeutenden Zuwachs an Erlebnissen und Erfahrungen eingetragen. Seine Erbitterung gegen England, in dem er den Zerstörer der abendländischen Kulturwelt erblickte, hatte womöglich noch zugenommen — einmal, weil seine Sympathie den Orientalen wie den Deutschen gehörte, vor allem aber, weil er für Freiheit und Würde seiner Heimat fürchtete: „Irregeführte Tröpfe glauben, die skandinavischen Staaten, die hier im Wege liegen, würden mehr Schonung finden als Griechenland. Sie werden furchtbar erwachen, wenn erst die Totenglocke über ihnen läutet. Denn auch hier geht Englands Weg über gestürzte Throne, zerschlagene Königskronen und zerfleischte, ausgehungerte Völker (15)."

„Der 4. Februar 1917 war ein furchtbarer Tag. Man erfuhr, daß Amerika tätig am Kriege teilzunehmen beabsichtigte. Es war eine Todesbotschaft für Tausende und aber Tausende, ein lähmender Schlag, ungerecht und brutal gegen ein ganzes Volk und eine hochstehende Kultur (38)." Hedin hatte das bangend vorausgesehen. Mit der Niederschrift seiner Bücher beschäftigt, verfolgte er die Weltereignisse mit wachsender Sorge, die vor allem der geliebten Heimat galt. Amerikas Haltung war ja von Anbeginn höchst zweideutig gewesen, hatte doch schon Generaloberst von Moltke im zweiten Kriegsjahr einem Journalisten gegenüber geäußert: „Wir sind in der Lage eines Mannes, den drei Straßenräuber überfielen. Er verteidigt sich tapfer und schlägt einem nach dem anderen die Waffen aus der Hand. Hinter den dreien aber steht ein vierter, der ihnen immer wieder neue Waffen in die Hände drückt. Dieser vierte ist Amerika, das den Kampf von Jahr zu Jahr verlängert (14)." Hedin begann sogleich, sein Buch „Sveriges öde" — „Schwedens Schicksal" — zu schreiben.

Hinzu kamen drückende häusliche Sorgen. Sein neunzigjähriger Vater, der ihm zeit seines Lebens treu zur Seite gestanden und ihm einen großen Teil seiner Arbeitslast abgenommen hatte, indem er seine Manuskripte ins Reine schrieb, legte die Feder aus der Hand und schloß am 17. Februar für immer die Augen. Durch Nachtwachen, übermäßige Tätigkeit und häufig wiederkehrende Malariaanfälle geschwächt, mußte Hedin nun auch noch bösartige Angriffe und Verleumdungen seitens der Ententepresse über sich ergehen lassen. In England erschienen Bücher, die ihn als „Schwedischen Hunnen" bezeichneten. Um so mehr beglückte ihn die Zuneigung und Treue seiner deutschen Freunde. Er wurde von Herzog Adolf Friedrich eingeladen, vom Kaiser bewirtet, und aus Anlaß des fünfhundertjährigen Bestehens der Universität Rostock wurde er zum Ehrendoktor der Medizin ernannt. Seine Bücher „Sveriges öde" und „Eine Routenaufnahme durch Ostpersien" erschienen im Herbst des Jahres 1918, das zugleich auch den für ihn kaum faßbaren Umsturz in Deutschland brachte. Über den Kaiser äußerte er sich am 10. November: „Man wußte, er war der bedeutendste Mann der lebenden Generation und auch, bis vor kurzem, der mächtigste. Deshalb steht er dem Triumph der Mittelmäßigkeit im Wege, und deshalb wurde er das Ziel des Neides, der Furcht und des Hasses (38)."

Den Erlös einer Ausstellung seiner Skizzen in Stockholm stiftete er einer von Alma Hedin und Märta Sundström ins Leben gerufenen Organisation, die Wiener Ferienkinder nach Schweden vermittelte und überführte. Arbeit, Arbeit und nochmals Arbeit, das war das Mittel gegen die durch die Anwürfe seiner Feinde verursachte „Gemütsvergiftung", gegen den „Starrkrampf der Seele", wie es sein Freund, der Dichter Verner von Heidenstam, ausdrückte. Am liebsten wäre er wieder nach Tibet, dem

Land seiner Sehnsucht, zurückgekehrt. Da nun dies zur Zeit nicht möglich war, schrieb er neben seiner wissenschaftlichen Tätigkeit noch den zweibändigen Roman „Tsangpo Lamas Wallfahrt" (17), in dem die erhabene Gebirgswelt des verschlossenen Landes mit ihren seltsamen Menschen und Tieren, ihrer geheimnisvollen Vergangenheit in unvergeßlichen Bildern zum Leben erwacht. Mehr noch, er nimmt in diesem Werk die Erkenntnis von einer Lebensform und Denkweise vorweg, die dem überheblichen Zivilisationsmenschen der damaligen Zeit unvorstellbar erschien, uns Heutigen aber, nachdem die Grundlagen der materiellen Überlegenheit unserer Zivilisation nahezu restlos zerstört worden sind, zum Anlaß innerer Entwicklung dienen mag.

So gingen unter mancherlei Arbeiten und Plänen die harten Nachkriegsjahre dahin. Im März 1921 starb Hedins treuer Freund und Verleger Albert Brockhaus, „ein ritterlicher Mann, ein edler, vornehmer, liebenswürdiger Charakter, eine selten rechtschaffene aufrechte Persönlichkeit, ein Mann von der Art, wie das neue Deutschland sie zu seiner Wiederaufrichtung braucht ... Der beste, der edelste von meinen Freunden (38)". Zwei Monate später verlor er auch seinen englischen Freund Sir Dunlop Smith. Als sein großes Werk „Southern Tibet" im darauffolgenden Jahre erschien, fand es Anerkennung und begeisterte Aufnahme in aller Welt, sowohl bei Fachgelehrten als auch beim wissenschaftlich interessierten Publikum. Versuche, seine Leistung abzuwerten, waren angesichts des einhelligen Urteils von vornherein zum Scheitern verurteilt, aber es gab ja auch jetzt noch Leute, die sein Eintreten für Deutschland nicht vergessen konnten.

Von je her hatte ihn das Problem „Amerika" beschäftigt. Was waren die Vereinigten Staaten denn nun eigentlich — „Gottes eigenes Land", wie manche ihrer Bürger sie in schöner Bescheidenheit nannten, oder „Ein Land ohne Herz", ein soziologischer Fehlschlag? Seit er im Mai 1910 in Stockholm mit dem damaligen Präsidenten Theodore Roosevelt fast täglich zusammengetroffen war und ihn schätzen gelernt hatte, ließ ihn diese Frage nicht ruhen. Die Haltung der Vereinigten Staaten gegen Deutschland hatte ihn empört, nicht weniger die Behandlung, welche die Ureinwohner Amerikas seitens der eingewanderten Europäer erfuhren. Amerika erschien ihm als eine Sphinx, deren Rätsel es zu lösen galt. Gehörten nicht auch Schweden und Deutsche in beträchtlicher Zahl zu den Bürgern der USA?

Nach einem kurzen Erholungsurlaub in Italien reiste Hedin deshalb am 1. Februar 1923 über Hamburg nach New York, um in den östlichen Staaten und im mittleren Westen eine Reihe von Vorträgen zu halten und die dortigen Verhältnisse zu studieren. Zu diesem Zeitpunkt bereits ahnte er, daß die Teilnahme der Vereinigten Staaten am Kriege gegen Deutschland, das Versagen Wilsons auf der Friedenskonferenz zu Versailles eine gefährliche Bedrohung des Weltfriedens zur Folge haben werde. Und wie sehr auch die Meinung der amerikanischen Bevölkerung darüber auseinandergehen mochte, daß viele dort ebenso dachten wie er, hatte sich nicht nur durch den Widerstand breiter Schichten gegen den Kriegseintritt erwiesen, sondern mehr noch durch die Aufnahme, die Präsident Wilson bei seiner Rückkehr aus Frankreich erfuhr. „Die Volksvertretung weigerte sich, diesen Frieden zu ratifizieren, der den amerikanischen Ideen widersprach. Selbst der Plan wurde verworfen, der dem Präsidenten besonders teuer war, die Errichtung des Völkerbundes. Amerika ist ihm nie als Mitglied beigetreten (37)." Die Folgen für Amerika waren Wirtschaftsdepression, Arbeitslosigkeit, Sinken des Arbeitseinkommens in der Industrie, Ruin der Landwirtschaft, ein allgemeines Mißtrauen gegen die schwachen Nachfolger Wilsons, der sich als gebrochener Mann ins Privatleben zurückgezogen hatte, hemmungslose Spekulationssucht und andere soziale Übel, die die große Krise der kommenden Jahre vorbereiteten.

All das sah Hedin; er sah aber auch die damals noch unausgeschöpften Möglichkeiten der „Neuen Welt", traf mit interessanten Persönlichkeiten aller Schichten zusammen, fand eine Menge Freunde und Förderer, die ihn nicht nur bewunderten, sondern auch seinen Ideen zugänglich waren. Das Honorar für seine Vorträge überwies er nach Schweden, Deutschland und Japan, um ein wenig die hier durch den Krieg, dort durch das große Erdbeben verursachte Not mit lindern zu helfen.

In Chicago lernte er einen Grafen Minotto kennen, der ihn mit zwei leitenden Herren der Santa-Fé-Eisenbahngesellschaft zusammenbrachte. Minotto war ebenfalls viel gereist, und vor allem der Gran Cañon in Arizona hatte es ihm angetan. Dieses grandiose Erosionstal zu besuchen, war ja schon ein Jugendtraum Hedins gewesen. Nun schlug Minotto in fröhlicher Weinlaune vor, die Gesellschaft möge den Forscher zu einem längeren Besuch einladen. Niemand, am wenigsten Hedin selbst, schien diesen Vorschlag ernstzunehmen. Wie erstaunt war er daher, als er dann tatsächlich von der Gesellschaft für drei Wochen eingeladen, kostenlos befördert, verpflegt und mit allem für seine Wanderungen im Colorado-Tal Notwendigen versehen wurde. Geologisches Neuland war es ja nicht, das er am Rio Colorado betrat, aber er reiste ja diesmal auch nicht als Forscher, sondern als Tourist — eine ganz neue Erfahrung. Dennoch wurde die Reise zu einem unverlierbaren Gewinn.

Betroffen, hingerissen durch den Anblick, stand Hedin, als er El Tovar erreicht hatte, vor diesem überwältigenden Bilderbuch der Jahrmillionen, die den Cañon geschaffen haben. „Beim Gedanken an solche Zahlen und angesichts solcher Perspektiven wird der Mensch, der nicht von den in unseren Tagen wütenden Seuchen angesteckt ist, still und demütig. Als ich das erste Mal an den Rand des Gran Cañon trat, hielt ich, unbewußt und unbedacht, den Hut in der Hand — wie beim Betreten eines von Menschenhänden errichteten Tempels (25)."

Sein Reisegefährte R. Hunter Clarkson, ein Schotte schwedischer Abstammung, den ihm die Gesellschaft beigegeben hatte, war ihm während des Krieges schon einmal recht nahe gewesen, im Sommer 1916 bei Ismailia nämlich, als der Reifen des türkischen Militärwagens platzte. Als Batterieführer auf englischer Seite hatte Clarkson häufig Patrouillen in die Wüste geschickt, und so hätte es gar leicht geschehen können, daß Hedin sein Gefangener wurde. Clarkson „beteuerte, daß ich in diesem Falle nicht nur von ihm selbst, sondern auch von allen anderen englischen Offizieren mit größter Rücksicht behandelt worden wäre (25)".

So wenig ihm der kommerziell bedingte Touristenrummel am Gran Cañon gefallen wollte, die Hopi-Indianer, die hier lebten und sich aus purer Not zur Schau stellten, gewannen sein ganzes Herz: „Phantastisch wild und echt sahen sie beim Feuerschein aus, und ihre Tänze wirkten bezaubernd... Der erste Tanz, den Joo Sacakuku (ihr Häuptling) ‚Kachina' nannte, war den Naturkräften gewidmet. Aus allen Erklärungen Joos ging hervor, wie tief die Ehrfurcht vor der Natur und ihren geheimen Kräften noch heute in dem Bewußtsein der Indianer wurzelt, obwohl die Berührung mit der weißen Christenheit zersetzend eingewirkt hat auf das Vertrauen vieler, wahrscheinlich der meisten, zu den religiösen Anschauungen ihrer Väter (25)."

Nachdem er den Gran Cañon nach allen Richtungen hin durchstreift und sich an diesem größten Naturwunder der Erde satt gesehen hatte, ging es weiter durch die Staaten des Westens, wo er auch wieder zahlreiche Vorträge über Tibet hielt. Diese Reise durch den vielgestaltigen Kontinent mit seinen Schönheiten, etwa dem Yosemitetal in Kalifornien, und seinen technischen Errungenschaften, zu denen unter anderem auch der größte Reflektor der Welt auf dem Mount Wilson und das Lick-Observatorium gehörten, hatte seine Einstellung zu Amerika und den Amerikanern doch sehr gewandelt. Überall war er freundlichen Menschen begegnet und mit herzlicher Gastfreundschaft aufgenommen worden, so daß es ihm nun noch schwerer fiel, die Haltung der US-Regierung gegenüber Deutschland zu verstehen.

Seiner selbst in dieser Hinsicht wenig gewiß, verließ Hedin am 17. September die Vereinigten Staaten, erreichte im Oktober Japan, das noch unter den Folgen des schrecklichen Erdbebens litt und mit seinen Trümmern und verstörten Menschen ein ganz anderes Bild bot als bei seinem letzten Besuch vor vierzehn Jahren. In Peking wurde er, der sich gegenüber den Großmächten stets als Freund der Chinesen erwiesen hatte, überaus freundlich aufgenommen. Hier zum ersten Mal mag jene Idee in ihm aufgezuckt sein, die Jahre später zu seinem letzten großen Abenteuer, zur umfassendsten Expedition seines Lebens, führen sollte. Mochte die Welt damals auch noch groß und weit, ja — unendlich erscheinen, mochte sie Schönheiten und Rätsel bieten ohne Zahl, seine Liebe galt doch den Wüsten und kargen Steppen Innerasiens, den majestätischen Bergriesen Tibets, all den Wundern und Geheimnissen, die jene Einöden bargen.

Nicht zuletzt interessierte ihn auch der Wandel, der sich in Rußland vollzogen und den er schon als junger Forscher auf seiner ersten Reise in Kaschgar ahnend vorausgesehen hatte. Was war wohl seither aus Rußland geworden, aus seinen russischen Freunden, aus den einfachen russischen Menschen, die er ins Herz geschlossen hatte? Stimmten die wilden Gerüchte, die aus dem neuen Sowjetparadies in die Welt drangen? Nahm das Morden, das Zerstören, das Knechten dort niemals ein Ende? Als er sich einige Jahre zuvor um eine Einreiseerlaubnis bemüht hatte, war sein Gesuch ohne jede Begründung abgeschlagen worden. Nun aber, gegen Ende 1923, erhielt er sie ohne weiteres und beschloß, seinen Heimweg durch Sibirien und Rußland zu nehmen.

Bei strengem Frost fuhr er im Auto durch die Mongolei nach Werchne Udinsk und von dort mit der Transsibirischen Eisenbahn nach Moskau — eine Reise, die zu jener Zeit von den meisten Westeuropäern für recht abenteuerlich, wenn nicht lebensgefährlich erachtet wurde. Als dann im März des folgenden Jahres sein Buch „Von Peking nach Moskau" (23) erschien, war des Wunderns kein Ende. Wieder einmal hatte er ein Bild gezeichnet, das den allgemeinen Vorstellungen von der Sowjetunion in keiner Weise entsprach. Wo man Chaos, Mord und Zerfall vermutete oder gar wünschte, fand er die Ansätze zu einer neuen, obschon befremdlich anmutenden Ordnung. Man hatte ihn freundlich behandelt, in Moskau sogar unbehelligt öffentlich reden lassen. Die Wissenschaften waren bei den neuen Machthabern hoch angesehen und wurden gefördert. Eine starke, hervorragend geführte Wehrmacht war im Entstehen. Und alles deutete darauf hin, daß sich der Staat, nach einer Orgie schrecklichen Blutvergießens, auf dem Wege zu neuer Macht und Größe befand.

Daß Hedin es wagte, solche Beobachtungen unverblümt auszusprechen, wie er noch stets für das Rechte und Wahre eingetreten war, trug ihm die erbitterte Gegnerschaft derjenigen ein, denen daran lag, das Bild der Sowjetunion zu verfälschen. Man verdächtigte ihn, zu den Bolschewiken übergelaufen zu sein — ihn, der niemals aufgehört hatte, seine Landsleute und ganz Europa vor den bedrohlichen Machtgelüsten Rußlands zu warnen. Wies er nicht vielmehr, indem er die Erfolge der sowjetischen Führung bewundernd hervorhob, um so nachdrücklicher auf die Gefahr hin,

---

Unentwegt zeichnete Hedin mit kundigem Stift, was ihm vor Augen kam, wie hier die junge hübsche Tibetanerin. Ganz zu Unrecht trat sein künstlerisches Werk hinter den Erfolgen seiner Forschertätigkeit zurück.

Auf seiner letzten großen Asienreise hatte Hedin 1935 das Glück, wiederum den Kum-darja, den Sandfluß, besuchen zu können, dessen versandetes Bett sich eben von neuem mit Wasser füllte und damit seine Theorie vom „wandernden See" erhärtete. Das Lop-nor-Problem war gelöst.

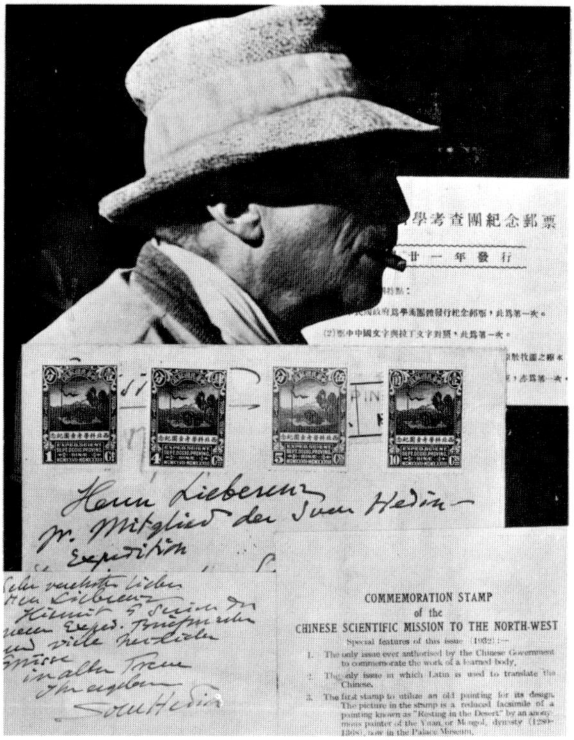
COMMEMORATION STAMP
of the
CHINESE SCIENTIFIC MISSION TO THE NORTH-WEST
Special features of this issue (1932):—
1. The only issue ever authorised by the Chinese Government to commemorate the work of a learned body.
2. The only issue in which Latin is used to translate the Chinese.
3. The first stamp to utilize an old painting for its design. The picture in the stamp is a reduced facsimile of a painting known as "Resting in the Desert" by an anonymous painter of the Yuan, or Mongol, dynasty (1280-1368), now in the Palace Museum.

die sie und die bolschewistische Ideologie für ihre schwächeren Nachbarn darstellten? Um den Verdächtigungen und Verleumdungen, die sich an seine Reise knüpften, entgegenzutreten und schon die sich anbahnende unheilvolle Entwicklung erahnend, schrieb er gegen Ende des Jahres 1923: „Europa hat niemals mehr als jetzt die Festigkeit gefehlt, die die beste Bürgschaft für den Frieden ist. Schritt für Schritt steigt unser Weltteil hinunter zur Finsternis des neuen Mittelalters. Zu gleicher Zeit wächst die Stärke des neuen Rußland ... Wenn die furchtbaren Ereignisse, die schon in mehr als reichem Maße ihre Schatten werfen, unser Volk nicht aus seinem Halbschlummer zu wecken vermögen, dann bleibt uns keine Hoffnung mehr, unsere Freiheit und den Bestand unseres Reiches retten zu können (38)."

Die Große Expedition

Am 19. Februar 1925 hatte Hedin seinen 60. Geburtstag gefeiert, so frisch wie ein Jüngling, ungeachtet der anstrengenden Vortragsreisen in Europa während des vergangenen Jahres, und voller Tatendrang. Asien mit seinen weißen oder doch grauen Flecken lockte ihn nach wie vor. Und nun gewann ein lange gehegter Plan Gestalt: Eine große, umfassende Expedition, an der Vertreter aller geographischen Wissensgebiete — Geodäten, Geologen, Meteorologen, Botaniker, Zoologen, Paläontologen und Archäologen — teilnehmen sollten. Hedin war ganz der Mann, nicht nur die organisatorischen Vorarbeiten zu leisten und die erforderlichen Gelder zu beschaffen, sondern auch wie ein Feldherr dieses kleine, aber bedeutende Heer von Gelehrten zu führen. 1926 reiste er nach China, und dort gewann er die weitgehende Unterstützung der maßgebenden Politiker

---

In dem gefürchteten Generalgouverneur der Provinz Sinkiang, Yang Tseng-Hsin, einem hervorragenden Verwaltungsbeamten, Heerführer und Gelehrten, fand Hedin einen wohlwollenden Förderer, der jedoch wenig später den Revolutionswirren zum Opfer fiel. Dies Bild wurde in Urumtschi aufgenommen.

Die Chinesen, mit denen Hedin sich freundschaftlich verbunden fühlte, ehrten seine Verdienste um die wissenschaftliche Erschließung Chinas, indem sie ihm eigens eine Briefmarke widmeten.

Das Auto erobert die Wüste; mit vier Ford-Lastwagen wurde 1934/35 unter Leitung Hedins die Chinesische Wegebauexpedition durchgeführt und hierbei eine Strecke von 8.000 Kilometern unter schwersten Bedingungen zurückgelegt. Immer wieder mußten die Fahrzeuge überholt und repariert werden.

und Wissenschaftler. Achtundzwanzig Gelehrte — acht Schweden, zehn Deutsche und zehn Chinesen — versammelten sich in Peking, und am 9. Mai 1927 brach die bunte Schar mit einem mächtigen Troß von Dienern und Gepäck in einem Güterzug vom Bahnhof beim Hsi-tschi-men-Tor nach Pautou am Hoang-ho auf, wo das erste Hauptquartier am 10. Mai bezogen wurde.

Die einzelnen Wissenschaftler hatten wichtige Sonderaufgaben zugewiesen erhalten, die sich über ein riesiges Gebiet zwischen Peking und dem Kaspischen Meer verteilten. Seit der Revolution Sun Yat Sens und der Abdankung des Kaisers im Jahre 1911 war China nicht mehr zur Ruhe gekommen. Provinzgouverneure und ehrgeizige Generäle bekämpften einander; Räuberbanden verunsicherten die Straßen. Kurz vor der Abreise der Expedition hatte Tschiang Kai Schek mit seiner republikanischen Volksarmee, der Kuo-min-tang, Schanghai eingenommen, Mao-tse-tung in Kiangsi eine kommunistische Regierung gebildet. Etwa 30.000 Mann Regierungstruppen lagen in Pautou, und von den Mauern der verödeten Stadt grinsten die abgeschnittenen Köpfe von Räubern, Dieben und Aufständischen die erschreckten Forscher an.

Hedins Berichte über die unterschiedlichen Abenteuer und Schicksale seiner friedlichen Heerfahrt, niedergelegt in den Büchern „Auf großer Fahrt“ (27), „Rätsel der Gobi“ (28), „Jehol — die Kaiserstadt“ (29), „Die Flucht des Großen Pferdes“ (30), „Die Seidenstraße“ (31) und „Der wandernde See“ (32), lesen sich wie eine moderne Ilias. Er war, auf seine Erfahrung gestützt und mehr noch infolge seiner Menschenkenntnis und seines diplomatischen Geschicks bei der Wahl von Mitarbeitern und Dienern überaus glücklich gewesen. Nur zehn Tage währte der Aufenthalt in Pautou, dann verließ seine riesige Karawane von 60 Mann und 400 Kamelen mit Lasten von 40 Tonnen Gesamtgewicht die Stadt, begleitet von 30 berittenen Soldaten der Garnison, die den langen Zug gegen räuberische Angriffe schützen sollten. Das Ziel war Urumtschi im Tien-schan, 2.000 Kilometer gegen Westen entfernt. Bald war die Grenze des besiedelten Landes erreicht, und das Schweigen der Wüste Gobi nahm die Wanderer auf. Was dachte, was empfand Hedin, während sein Kamel ihn Stunde um Stunde, Tag für Tag, Woche für Woche über Wüstensand und grenzenlose Steppen trug? Für eigene wissenschaftliche Forschungen blieb ihm wenig Zeit. Sein rastloser Geist war unausgesetzt damit beschäftigt, all die großen und kleinen Dinge zu ordnen, die für den Zusammenhalt einer Expedition so wichtig sind.

Sechs feste meteorologische Stationen sollten errichtet und während eines Jahres besetzt gehalten werden, um danach in den Besitz der chinesischen Regierung überzugehen — und zwar am Edsin-gol, in Hami, in Urumtschi, in Tscharchlik, am Chotan-darja sowie je eine in den Bergwildnissen des Tien-schan und des Kwen-lun. Dies setzte ein hohes Maß an Energie, körperlicher und geistiger Spannkraft, Umsicht und fachlicher

Befähigung bei den jeweiligen Leitern voraus. Andere Gruppen hatten sich mit Sonderaufgaben zu befassen.

Am Hutjertu-gol, dem „Salzfluß", wird für einige Wochen haltgemacht. Eine vom Expeditionsarzt Dr. Hummel geführte Gruppe erforschte die Gegend um das Kloster Beli-miao, 35 Kilometer nördlich von Pautou, eine andere unter den Archäologen Dr. Bergman und Dr. Hwang Wen Pi die Steppe am Hutjertu-gol, wo sie Ruinen aus dem 4. Jahrhundert v. Chr. und eine Siedlung aus der älteren Han-Zeit fand. Der Geologe Yuan mit seiner Gruppe entdeckte einen steinzeitlichen Wohnplatz. Der Kartograph Dr. Erik Norin triangulierte den 900 Kilometer langen Weg zum Gaschun-nor, während die Hauptkarawane in Tagesmärschen von 20 bis 30 Kilometern durch die schier endlosen einförmigen Weiten westwärts zog. Nur selten begegneten ihr hier Hirten, ein Trupp Soldaten, eine Horde halbverhungerter Bauern, die nach Ackerland suchten, oder auch eine jener kleinen Karawanen, die Opium von Ninghsia nach den dichter besiedelten Provinzen transportierten.

Über das Kloster Schande-miao mit seinen fünfzig Tempeln und prächtigen Buddhabildnissen ging es nach den Ruinen von Charachoto, einer Stadt aus dem 13. Jahrhundert, die bei Marco Polo noch Edsina hieß, und dann zum Edsin-gol, der gegen Ende September erreicht wird. In einer den Wüstenwanderern nachgerade idyllisch erscheinenden Landschaft von Schilfdickichten, lichten Pappel-, Maulbeer- und Tamariskenhainen schlug man am Ufer des hier breit hinziehenden Flusses das Lager auf. Hedin, von seinem alten Gallenleiden geplagt, hätte sich Ruhe gönnen sollen, aber er dachte durchaus nicht daran. Der Herbst nahte und mit ihm der Frost. In den fünf Wochen, die man hier zu verweilen gedachte, mußten der Gaschun-nor und der Socho-nor erkundet, der Unterlauf des Edsin-gol kartographiert und rings um den See archäologische Untersuchungen durchgeführt werden. Den Fluß wollte Hedin aus alter Liebe zum Wasser selbst erforschen.

Nachdem der Häuptling der hier hausenden Torgoten-Mongolen seine Zustimmung erteilt hatte und ein Doppelboot von ausgehöhlten Pappelstämmen hergestellt worden war, ließen sich Hedin und der schon viele Jahre in der Mongolei lebende Däne Haslund auf dem Edsin-gol hinabtreiben. Nach fünftägiger Fahrt wurde am 22. Oktober der Socho-nor erreicht, seine größte Tiefe von 4,12 Metern erlotet und danach das Boot auf einem Ochsenkarren der Torgoten zum westlichen Flußarm, dem Oboen-gol, geschafft. Am 26. Oktober war man wieder im Lager, keinen Tag zu früh, denn nun begann es empfindlich kalt zu werden. Als man sich eben zum Weitermarsch anschickte, traf der Geologe Norin mit seiner Gruppe ein, und als Ergebnis seiner unermüdlichen Tätigkeit brachte er eine genaue Karte des 2.650 Quadratkilometer umfassenden Gebietes zwischen Schande-miao und dem Edsin-gol mit.

„Wir nahmen Abschied vom Sommer, diesem wunderbaren, unvergeßlichen Sommer, auf den einer der schwersten Winter folgen sollte, die ich je in Asien erlebt habe (27)", notierte Hedin, als am 8. November das Lager bis auf die von Georg Söderbom und seinem chinesischen Assistenten Ma betreute Wetterwarte Nr. 1 abgebrochen und der lange Marsch nach Hami angetreten wurde. Das Thermometer zeigte des Nachts 14 Grad unter Null. Sandstürme, unter denen besonders die schwerbeladenen Kamele litten, brausten über die Karawane hin. Anfang Dezember brachen die ersten drei Kamele zusammen und mußten zurückgelassen werden. Kein Wasser. Kein Wild. Der ewige eiskalte Westwind sog Menschen und Tieren alles Mark aus den Knochen. Obendrein wird Hedin von einem neuen Anfall seines Gallenleidens heimgesucht und muß in einer Sänfte zwischen zwei Kamelen getragen werden, da er sich nicht bewegen darf. Die Hauptkarawane, geführt von Professor Siu, dem stellvertretenden Expeditionsleiter, zieht weiter, während der Kranke mit einigen Gefährten an der Quelle Sebistei zurückbleibt und hier inmitten der Einöde das neue Jahr 1928 begrüßt. Die Vorräte werden knapp. Gerüchte gehen um, man halte die Karawane für den Vortrupp einer großen Armee und wolle sie nicht über die Grenze nach Sinkiang hineinlassen; Truppen seien schon aufgeboten, aller Karawanenverkehr nach dem Osten gesperrt. Das alte Lied: Politische Wirren als Hemmnis für die wissenschaftliche Forschung!

Um das fernere Geschick der Expedition schwer besorgt, folgte Hedin nun in seiner von zwei Kamelen getragenen Sänfte der Hauptkarawane, hörte aber noch während des Marsches durch einen Boten Haslunds und Dr. Haudes, ihre Karawane sei an der Grenze von Soldaten angehalten, entwaffnet und von einer 800 Mann starken Eskorte nach Hami geleitet worden. Nachdem der Stadtkommandant Liu Darin sie verhört, habe Marschall Yang, der Generalgouverneur von Sinkiang, aus Urumtschi den Befehl geschickt, er wünsche Hedins Expedition in Sinkiang nicht zu sehen — und dies, obwohl die Regierung in Peking ihn angewiesen hatte, den Wissenschaftlern jede erdenkliche Hilfe zu leisten. Schließlich gestattete Marschall Yang den Gelehrten aber doch, nach Hami zu kommen, freilich nur ohne Waffen, ohne Diener und unter der Auflage, weder zu zeichnen, noch zu fotografieren. Der Stadtkommandant Liu Darin erwies sich als umgänglicher als sein Ruf. Er hatte für gute Unterkunft in einem Gehöft gesorgt und den Bauern erlaubt, den Fremden allerlei Lebensmittel zu verkaufen. Die unfreiwilligen Gäste durften — allerdings nur unter Bedeckung — die Stadt durchbummeln, eine uralte Oasenstadt, die selten von Europäern besucht worden ist und in alter Zeit, als sie — wie Marco Polo berichtet — noch Kamul hieß, ihrer schönen, aber höchst leichtfertigen Frauen wegen in üblem Rufe stand.

Nicht für lange war dem Expeditionsstab hier Ruhe gegönnt. Marschall Yang befahl, die verantwortlichen Leiter des Unternehmens, Europäer wie Chinesen, hätten sich unverzüglich nach Urumtschi zu verfügen. Man fuhr also die 800 Kilometer nach der Hauptstadt in den landesüblichen zweirädrigen Karren, die von 13 mongolischen Reitern begleitet wurden, besuchte auf diesem Wege die berühmten Felsengrotten von Bäzäklik im Sängimtal, durchquerte wildromantische Schluchten, reißende Bäche und überstieg die hohen Pässe des Tien-schan. Am 19. Februar langte die Kolonne in Turfan an.

Hier kam Hedin in seinem Quartier mit dem Viehhändler Tokta Ahun ins Gespräch, der seit achtzehn Jahren dreimal jährlich über Ying-pen nach Tikkenlik zu wandern pflegte, um dort Schafe einzuhandeln. Auf eben diesem Wege hatte Hedin vor vierundzwanzig Jahren das damals trockene Bett des Kum-darja oder Kurruk-darja, des „Sandflusses", untersucht. Nun aber behauptete Tokta Ahun, der Fluß führe seit sieben Jahren wieder Wasser und sei so tief, daß man ihn nicht durchwaten könne; deshalb gäbe es jetzt eine Fähre bei Ying-pen... Hedin horchte hoch auf. Traf dies zu, so mußte sich auch das seit anderthalb Jahrtausenden ausgetrocknete Puchangmeer wieder aufgefüllt haben; damit wäre seine Theorie vom „wandernden See" vollauf bestätigt. So bald wie möglich mußte die Sache ganz genau untersucht werden.

Auch Marschall Yang Tseng-Hsin zeigte sich viel zugänglicher, als seine strengen Befehle hatten vermuten lassen. Nicht nur war den schon vorher eingetroffenen Expeditionsteilnehmern inzwischen ein schönes großes Haus in der russischen Niederlassung zugewiesen worden, worin sich die Vorausabteilung bereits mit Laboratorium und Magazin wohnlich eingerichtet hatte, sondern der Meteorologe Dr. Haude, dem der Bau einer Wetterwarte in Hami untersagt worden war, hatte hier die Erlaubnis bekommen, eine Station zu errichten, und schon mit dem Bau begonnen. Er befand sich, als Hedin anlangte, auf dem Weg in den Tien-schan, wo am Nordhang des Bogdo-ola ebenfalls ein Observatorium entstehen sollte.

Hedin atmete auf. Der Audienz bei Marschall Yang sah er nunmehr mit Ruhe entgegen. Und es gelang ihm in der Tat, den sechsundsechzigjährigen Gouverneur völlig für sich zu gewinnen. Yang Tseng-Hsin war ein bedeutender Mann. Ungemein klug, kenntnisreich, energisch und ehrgeizig, war er nicht nur ein hervorragender Verwaltungsbeamter, Heerführer und Jurist, sondern auch ein begabter Literat und weitblickender Staatsmann, dem es bisher gelungen war, die Revolutionswirren von Sinkiang fernzuhalten. Er galt als einer der letzten großen Mandarine der Kaiserzeit. Daß Hedin viele Bücher geschrieben hatte, wußte er und achtete den Forscher deshalb um so höher. Bei der Begrüßung äußerte er, für die Wissenschaft, für Sinkiang und für ganz China sei es ein Segen, daß die Expedition hierhergekommen sei: „Sie haben freie Hand. Sie dürfen bleiben, solange Sie es wünschen. Dennoch ist Ihre Expedition die letzte, der ich erlaube, in Sinkiang zu reisen (40)."

Das ließ Hedin sich nicht zweimal sagen. Sogleich wurden die verschiedenen Arbeitsgruppen in ihre Forschungsgebiete geschickt — Norin mit

35 Kamelen zum Kum-darja, um zu untersuchen, ob der nun wieder Wasser führende Fluß schiffbar sei; Bergman, der Archäologe, in die Lop-Wüste; Dr. Haude zum Observatorium am Bogdo-ola; Professor Yuan nach Gutschen und in den Altai; die Paläontologen Ting und Shen in den südlichen Tien-schan. Hedin selbst blieb mit dem Arzt in Urumtschi zurück, um den Nachschub zu organisieren und die Forschungsergebnisse zu sammeln.

Unruhige Jahre, erfüllt mit rastloser Arbeit, folgten. Expeditionsteilnehmer wurden ausgetauscht. Die neuen Mitarbeiter mußten eingewiesen werden. Auch waren weitere Geldmittel zu beschaffen. Deshalb reiste Hedin am 6. Mai 1928 über Tschugutschak, Semipalatinsk, Omsk, Kasan, Moskau, Berlin nach Stockholm und kehrte Anfang Oktober mit reichlichem Nachschub an Ausrüstungsgegenständen, Geräten und Geldern nach Urumtschi zurück. Hier hatte sich während seiner Abwesenheit vieles — und nicht zum besten — verändert. Im Juni war Peking von den Truppen der Kuo-min-tang genommen worden. Daraufhin hatte Yang auch in Sinkiang die neue Ordnung eingeführt, war aber am 1. Juli von der Leibwache des Außenministers Fan ermordet worden. Sein Nachfolger, Generalgouverneur Chin, erklärte die Gegend um Lop-nor und Tscharchlik zum Kriegsgebiet und verbot alle weitere Forschungstätigkeit. Erik Norin indes hatte seinen Auftrag ausführen und somit die Richtigkeit der Theorie Hedins vom „wandernden See" beweisen können, Professor Yuan im nördlichen Tien-schan die versteinerten Reste von dreißig Dinosauriern entdeckt. Da er den Generalgouverneur nicht umzustimmen vermochte, reiste Hedin mit Dr. Hummel nach Peking, um mit der Zentralregierung direkt über die Fortführung der Expedition zu verhandeln. Hier wurde er ungemein freundlich aufgenommen. Präsident Tschiang Kai Schek sah die Vorteile wissenschaftlicher Forschung für China durchaus ein und befahl dem Generalgouverneur Chin telegraphisch: „Es ist Ihre Pflicht, der Großen Expedition alle mögliche Hilfe zu gewähren und die wissenschaftliche Arbeit in jeder Weise zu fördern (40)."

Gerade im entscheidenden Augenblick, wo das Schicksal der Expedition sozusagen an einem Haar hing, erkrankte Hedin an einer Geschwulst im Rückenmark, die in Peking nicht behandelt werden konnte. Man riet ihm, sich von Dr. Harvey Cushing in Boston, einem der besten Fachärzte jener Zeit, operieren zu lassen. Und so reiste er denn, wiederum von Dr. Hummel begleitet, über Yokohama und Victoria in Kanada nach Boston, wo er am 10. Juni anlangte. Die Krankheit stellte sich hier jedoch als harmlos heraus. Über New York, Hamburg, Berlin, Stockholm, Moskau und Wladiwostok eilte Hedin nach Peking zurück. Im offenen Auto, bei dichtem Schneegestöber, traf er noch eben rechtzeitig im Expeditionslager beim Kloster Beli-miao ein, um die nach Ostturkestan aufbrechende Arbeitsgruppe von Geologen, Geodäten und Paläontologen zu verabschieden.

Während er von Kalgan, seinem neuen Hauptquartier, aus die verschiedenen Unternehmungen leitete, ohne sich doch selbst aktiv an der Feldforschung beteiligen zu können, schrieb der nun fünfundsechzigjährige Hedin seine Bücher „Auf großer Fahrt" (27) und „Rätsel der Gobi" (28), in denen die bisherigen Ergebnisse der Öffentlichkeit allgemeinverständlich unterbreitet wurden. Die zahlreichen Entdeckungen hatten zu neuen Erkenntnissen geführt, die das Bild Innerasiens immer klarer hervortreten ließen. Die Gobi erwies sich, wie Hedin schon damals in der Takla-makan vermutet hatte, nunmehr als ein urzeitliches Binnenmeer, denn auch die Paläontologen Bohlin und Bexell hatten inzwischen, wie schon zuvor Professor Yuan im Tien-schan, in der Landschaft Kara-tologoi zwischen Pautou und Gaschun-nor in bisher unbekannten Meeresablagerungen die Knochen und Hautpanzer riesiger Dinosaurier sowie fossile Insekten, Muscheln und Abdrücke von Blättern ausgegraben. Auch die Arbeiten der anderen Forscher waren von Erfolg gekrönt. Der Archäologe Folke Bergman fand im Kurruk-tag, im Tarim-Delta, am Kara-kotschun, in der Lop-Wüste und im Lang-schou 150 vorgeschichtliche Siedlungen, aus denen er 18.000 Feuersteingeräte und -waffen sowie granitene Handmühlen barg. Die Geologen Nils Hörner und Parker C. Chen untersuchten und kartographierten das neue Puchangmeer — eine Aufgabe, die Hedin brennend gern selbst gelöst haben würde.

Im Sommer 1930 besuchte Hedin von Peking aus Jehol, die alte Kaiserstadt, der er dann auch ein eigenes Buch (29) gewidmet hat. Seine Begleiter auf dieser infolge der Wirren nicht ganz ungefährlichen „Urlaubsreise" waren Gösta Montell, der soeben erst aus der Mongolei zurückgekehrt war, und Georg Söderbom, der seine Arbeiten am Edsin-gol erfolgreich abgeschlossen hatte. Anschließend ruderten die drei Wissenschaftler in einem Boot den Luan-ho bis zur Küste des Gelben Meeres hinab. Montell vermerkte in seinem Tagebuch: „Der Provinzgouverneur gab uns eine Eskorte zum Schutz gegen Räuberbanden mit, und wir hatten eine spannende Fahrt durch brausende Stromschnellen in engen Tälern zwischen schroffen Bergen. Der Chef kartierte den Fluß, und bei unseren Landungen zeichnete er eifrig Volkstypen (1)."

Die Verhältnisse in China gestalteten sich jedoch von Tag zu Tag chaotischer. Die Westprovinzen, in denen noch Arbeitsgruppen tätig waren, empörten sich. Dunganen und Buddhisten lieferten sich blutige Kämpfe; Räuberbanden verheerten das Land. Alle Verbindungen waren unterbrochen. General Ma Chung-yin, das „Große Pferd", brach mit mehreren tausend Dunganen nach Sinkiang ein. Und so fiel Hedin buchstäblich ein Stein vom Herzen, als auch die letzten seiner Mitarbeiter, Norin und Bergman, mit ihren unersetzlichen Sammlungen, sowie der Geologe Bohlin Mitte Mai 1933 wohlbehalten in Peking anlangten. Die Große Expedition löste sich hier auf. Die meisten Teilnehmer kehrten in ihre Heimat und zu den alltäglchen Pflichten zurück. Das große Abenteuer — das letzte seines Lebens, meinte Hedin — war beendet. Allein, er irrte sich!

Im Auto durch Innerasien

Galadiner beim Deutschen Gesandten in Peking. Chinesische Regierungsmitglieder, Politiker, Gelehrte, hohe Verwaltungsbeamte, Offiziere — unter ihnen als hochgeehrter Gast der berühmte Forscher Dr. Sven Hedin! Noch sind Geschichten über die Große Expedition und ihre spektakulären Ergebnisse in aller Munde; es ergibt sich daher wie von selbst, daß man Hedin über die Zustände in Sinkiang befragt, gleicht doch China zur Zeit einem brodelnden Hexenkessel, in dem sich niemand mehr auszukennen scheint. Nachdem sich die Gespräche anderen Themen zugewandt haben, nimmt der Vizeaußenminister Liu Chung-chieh den Forscher beiseite und fragt, ob es wohl wirtschaftlich sinnvoll und technisch möglich sei, Ostturkestan mit dem Reich durch eine Autostraße zu verbinden, und ob er — wenn ja — solche Möglichkeit in einer Denkschrift eingehend darlegen wolle?

Hedin ging nur zu gerne auf diesen Vorschlag ein, fand er doch hierdurch Gelegenheit, der Zentralregierung, die ihn in jeder Weise unterstützt hatte, einen Teil des Dankes abzustatten, den er ihr schuldete. Zwei Routen gebe es, schrieb er, die sich für den Ausbau zu einer Autostraße eignen — erstens den alten Heerweg von Peking über Edsin-gol, Hami, Turfan, Korla, Kutscha, Ak-su nach Kaschgar, zum anderen den über Lantschou, Su-tschou nach Hami führenden Teil der Seidenstraße; beide zeichnete er bis ins kleinste genau in eine Karte ein.

Daraufhin beschloß die Regierung, die 6.000 Kilometer lange Strecke durch eine Autokolonne befahren und auf die Durchführbarkeit des Planes hin untersuchen zu lassen. Man bat Hedin, die Leitung dieser „Wegebauexpedition" zu übernehmen. Aber man brauchte ihn ja nicht erst lange zu bitten, wenn es nur wieder nach Innerasien ging.

Freilich, diesmal erschien die Gefahr eines Fehlschlages riesengroß — nicht so sehr der Naturgewalten wegen, obschon eine Winterfahrt durch die Gobi gewiß kein Kinderspiel war, sondern infolge des Bürgerkrieges, der gerade in den zu berührenden Gebieten mit Brand und Mord und politischem Intrigieren seinen Gipfelpunkt erreicht zu haben schien. Den nun bald siebzigjährigen Forscher jedoch schreckte weder das eine noch das andere. Ebenso rasch wie umsichtig traf er die notwendigen Vorbereitungen, wobei ihm seine Freunde Hummel und Bergman, die ihn begleiten durften, mit erprobter Zuverlässigkeit zur Hand gingen. Vier weiße Mongolenzelte, Schlafsäcke aus Schaffellen und Schaflederpelze wurden hergestellt, Fahrzeuge, Lebensmittel, Werkzeug, Ersatzteile, Waffen beschafft, Diener angeworben, 40 Kamele mit 5.000 Litern Benzin in eisernen Fässern zum Edsin-gol vorausgeschickt. Was noch fehlte, kaufte man in der alten Garnisonsstadt Kwei-hwa-tschöng. Hier fanden sich dann auch die übrigen Expeditionsteilnehmer ein, darunter die Straßenbauingenieure Irving C. Yew, C. C. Kung und der Geodät Parker

C. Chen sowie zwei schwedische Automechaniker, zwei mongolische Kraftfahrer, ein chinesischer Koch und vier Bedienstete.

Am 10. November, als die aus vier Fordlastwagen und einer von Dr. Hummel gefahrenen Limousine bestehende Kolonne eben aufbrechen wollte, traf die Nachricht ein, General Ma Chung-yin, das „Große Pferd", habe mit seinem Dunganenheer Hami und Turfan genommen und rücke nun über den Paß Dawancheng gegen Urumtschi vor. Da war guter Rat teuer! Das Unternehmen aufgeben? Die Leute in Kwei-hwa-tschöng meinten, die Expedition gehe dem sicheren Verderben entgegen. Hedin indes teilte diese Ansicht nicht. Fünfzig Jahre Reisen in Asien hatten ihn gegen die Wechselfälle des Schicksals abgehärtet. Er verließ sich auf seine diplomatische Geschicklichkeit, zumal der Geologe Bohlin, der zu Anfang des Jahres mit General Ma Chung-yin zusammengetroffen war, ein recht ansprechendes Bild vom „Großen Pferd" entworfen hatte. Seiner Strenge wegen gefürchtet, sollte der junge General, ungeachtet seines Draufgängertums und seiner Rücksichtslosigkeit, im Umgang doch recht liebenswürdig und aufgeschlossen sein, ein begeisterter Patriot, dem das Wohl des Volkes allem voranging. Fort mit den Bedenken also! Hier war eine Aufgabe zu erfüllen, die China diente, gleich, von wem immer es regiert werden mochte.

Über weite, ebene Steppen rollte die Kolonne gen Osten, wühlte sich durch ausgetrocknete Flußbetten, über Flugsanddünen, in denen die Wagen oftmals steckenblieben und die Begleiter stundenlang graben oder schieben mußten, um sie wieder flottzumachen. Die Wissenschaftler nahmen Kilometer für Kilometer die Route auf, legten die künftige Trasse fest, entwarfen Brücken und Rasthäuser, peilten und maßen und führten Untersuchungen des Bodens durch. Machte man Rast, so bedeutete das nur neue Mühe; die Motoren mußten gepflegt, Schäden repariert, Karten berichtigt und Notizen ausgewertet werden. Weihnachts- und Neujahrsfest beging man am Edsin-gol — Hedin wieder einmal fern der Heimat. Dachte er an seine Freunde daheim, an seine Geschwister, an Vater und Mutter, deren unwandelbare Liebe und Fürsorge, als sie noch lebten, stets gestärkt und getröstet hatten, sobald ihn der Mut verließ, an das friedliche Schweden und an die düstere Zukunft, der die Welt offenbar entgegenging?

Auf der Weiterfahrt wurden die Ruinen der zweitausend Jahre alten Grenzfeste Ming-schui besucht und hier die mit 2.130 Metern höchste Erhebung der Route passiert. Dann nahm die Wüste, die gefürchtete Kara-Gobi, mit ihrer Grenzenlosigkeit und Menschenleere, wieder die Reisenden auf. Die kleinen befestigten Dörfer an ihrem Rande, die vor fünf Jahren noch voller Leben gewesen waren, fand man verlassen und zerstört, Felder und Gärten verwüstet. Erst kurz vor Hami, am 6. Februar 1934, traf man endlich wieder auf Menschen — zerlumpte Hungergestalten, von Haus und Hof vertriebene Männer und Frauen, Greise und Kinder. Wenig später wird die Kolonne von Soldaten angehalten, umringt. Dunganen! Irving Yew, der Ingenieur, steigt aus dem Wagen, angesichts der drohend auf ihn gerichteten Waffen mit hocherhobenen Händen, und erklärt einem Offizier Zweck und Ziel der Expedition. Ein kurzes Verhör, dann wird die Kolonne nach Hami hineineskortiert. Auch hier ist alles zerstört oder verkommen; die einst so schönen Pappelalleen sind abgeholzt, die Läden im Basar der Türkenstadt mit Brettern vernagelt.

Immerhin wurden die Reisenden vom Kommandanten der Oasenstadt höflich empfangen, ihre Papiere geprüft und ihnen ein geräumiger Schuppen als Quartier zugewiesen. Zwei Tage, meinte der Kommandant, werde es dauern, bis Befehle des Generals, der sein Hauptquartier nördlich von Turfan habe, bezüglich ihrer Behandlung und Weiterleitung eintreffen könnten. Obwohl man ganz gut untergebracht war, wohlversorgt überdies mit Ofen, Brennholz und Lebensmitteln, verbrachten zumindest die Chinesen höchst unruhige Stunden, waren sie doch, wenn auch als „Gäste" behandelt, in Wahrheit Gefangene eines Mannes, der im Rufe stand, rücksichtslos grausam zu sein. Am dritten Tag ihres unfreiwilligen Aufenthaltes erschien ein Offizier mit fünf Soldaten, der die Kolonne unverzüglich nach Turfan geleiten sollte, wo General Ma Chung-yin sie als „geehrte Gäste" willkommen heißen werde; von dort könnten sie dann über Kara-schahr, Korla und Kutscha weiterreisen. Das klang recht freundlich, aber — wie war es gemeint?

In Turfan, das man nach einer Fahrt durch verheertes Land am 16. Februar spät in der Nacht erreichte, sprach alles vom Krieg: zertrümmerte Häuser; biwakierende Soldaten; die verelendeten Bewohner der Stadt drückten sich scheu an den brandgeschwärzten Mauern hin. Da die Kolonne hier sechs Tage lang liegenbleiben mußte, besuchte Dr. Hummel während dieser Zeit das überbelegte, verwahrloste Krankenhaus, wo er unter anderen auch den Kavalleriegeneral Ma Ho-san, einen der besten Freunde des Großen Pferdes, behandelte. Gerüchte aller Art schwirrten umher. Ma Chung-yin, so hörte Hedin, werde sich gegen die technisch überlegenen Truppen Sheng Shi Tsais, des Gouverneurs von Sinkiang, nicht lange zu halten vermögen. In der Tat sah es so aus, als sei dies nur allzu wahr.

Die kleine Oasenstadt Korla am Kontsche-darja wurde am 5. März erreicht, die Expedition im Gehöft eines Türken einquartiert. Doch nun untersagt der Stadtkommandant den Reisenden die Weiterfahrt: Die Straße nach Kaschgar sei für Zivilisten gesperrt. Am folgenden Abend wurden Hedin, Yew, Söderbom und Hill von einer Dunganenabteilung abgeholt, vorgeblich zu einer Besprechung im Yamen. Statt dessen führte man sie in einen Hof. Hier eröffnete ihnen ein Offizier, sie hätten unverzüglich einen Wagen samt Fahrer für eine dringende Kurierfahrt nach dem 270 Kilometer entfernten Kutscha zu stellen. Als Hedin sich weigerte mit der Begründung, die Fahrzeuge stünden im Dienste der Zentralregierung und er könne daher nicht über sie verfügen, fielen die Soldaten ganz plötzlich über ihn und seine Begleiter her, rissen ihnen Jacken und Hemden vom Leibe, banden ihnen die Hände auf den Rücken und trieben sie mit Kolbenstößen in eine Ecke des Hofes. Gewehre wurden entsichert. Eine drohende Stille entstand. War das das Ende?

„Gib ihnen den Wagen!" rief Hedin seinem Freunde Söderbom zu. Was wog schon ein Wagen gegen vier Menschenleben? Söderbom übersetzte die Worte des Chefs. Allgemeines Aufatmen ... Die Fesseln werden gelöst, Hedin, Yew und Hill in ihr Quartier entlassen. Söderbom aber fuhr mit den Kurieren nach Kutscha, und wider Erwarten kehrte er drei Tage später wohlbehalten zurück. Was er zu berichten wußte, veranlaßte Hedin, die Reise vorläufig nicht fortzusetzen. Die Seidenstraße war zum Kriegsschauplatz geworden. Doch — was nun? Weder ein Vorwärts gab es, noch ein Zurück; nur die eine Möglichkeit blieb, in die Lop-Wüste auszuweichen und dort das Ende der Kriegswirren abzuwarten.

Ein Ausbruchsversuch in dieser Richtung, den man am 11. März unternahm, schlug fehl. Eine vierwöchige Gefangenschaft in dem Gehöft, unter strenger Bewachung, war die Folge. Obendrein wurden alle vier Lastwagen der Expedition requiriert, da Ma Chung-yin sich eilig auf Karaschahr zurückziehen mußte; Söderbom und Hill sowie auch die beiden Mongolen Dschombtscha und Serat hatten als Fahrer zu dienen. Korla wurde unterdes von flüchtenden Dunganen geplündert. Und als dann tags darauf General Bekticiew mit seinen Kosaken als Vorhut der Provinzialarmee in die Oase einritt, fiel es Hedin nicht eben leicht, die erzwungene Mithilfe der Wegebauexpedition bei der „Flucht des Großen Pferdes" (30) zu erklären. Ein Lichtblick war es, daß ihm nach längerem Hin und Her gestattet wurde, während zweier Monate Forschungen im Lop-nor-Gebiet zu treiben. Allein, was nützte das jetzt? Die Wagen waren ja fort. Würde man sie und die Gefährten je wiedersehen?

Wie schon so oft zuvor, hatte Hedin auch diesmal Glück. In der Frühe des 29. März rollten die Verlorengeglaubten durch das Tor des Bauernhofes. Söderbom erzählte, wie man den General Ma Chung-yin und dessen Stab durch die aufgelöst zurückflutenden Scharen des Dunganenheeres gefahren habe, wie das Große Pferd trotz aller Sorgen und Nöte überaus heiter gewesen und die Reise unter Lachen, Scherzen und Singen vonstatten gegangen sei; in Kutscha habe der General sie gegen den Einspruch seiner Offiziere sogleich nach Korla zurückgeschickt, um — wie er sagte — „die guten Beziehungen zu Dr. Hedin nicht zu trüben (30)".

Nun stand dem Aufbruch zum Lop-nor nichts mehr im Wege. Der Forscher war selig, hatte er doch seit dem Ende der Großen Expedition nicht einmal im Traum mehr zu hoffen gewagt, noch einmal im Leben an den Schauplatz seiner früheren Entdeckungen zurückkehren, das alte Puchangmeer selbst untersuchen und somit sein Lebenswerk vollständig abrunden zu können.

Der Ostersonntag sah die Kolonne auf dem Marsch zum Kontsche-darja. Es folgten zwei Monate emsiger Tätigkeit in tiefstem Frieden. Bootsfahrten auf Fluß und See; idyllische Stunden auf stillen Gewässern. Die angestrengte, aber ruhige, sinnvolle Arbeit erbrachte dann auch die wichtige endgültige Klärung geologischer und hydrographischer Probleme. „Eine Flußreise ist wunderbar. Ich hätte den sehen mögen, der in unserer Lage nicht in helles Entzücken ausgebrochen, dessen Herz vor Wonne nicht übergeflossen wäre. Ich brauchte mich nur umzusehen und umzuhören. Die Bootsleute ruderten singend. Gelöste Ruhe lag in ihren Bewegungen, und behagliches Lächeln verschönte ihre Gesichter (32)."

Fünf Kosaken, die von Gouverneur Sheng Shi Tsai zum Schutz der Reisenden abkommandiert waren, sorgten beim Lagermachen für Ordnung, schafften Lebensmittel und Brennholz heran. Schließlich steuerte man in den Kum-darja, den „Sandfluß", ein, der bei Tömenpu das alte Bett des Kontsche-darja verließ, um sich in die gelbgraue Einöde der Lop-Wüste zu ergießen. Doch schon regte sich hier neues Leben. Da und dort an den Steilufern sproßten junge Schilfhalme, zwischen denen sich prächtig gefiederte Vögel tummelten — Enten und Gänse, Möwen, schneeweiße Schwäne. „Sven Hedin war im rechten Augenblick gekommen, um eine umwälzende und scheinbar launenhafte Veränderung der Natur im innersten Asien mitanzusehen (40)." Der alte, jetzt wieder neu erstandene See wurde gründlich erforscht.

Anfang September ist die Kolonne vollzählig in Urumtschi versammelt. Die Wegebauexpedition könnte ihre Arbeit wieder aufnehmen, aber die Reisenden sind nur ungern gesehene Gäste; fast wie Gefangene werden sie behandelt und streng überwacht. Dr. Hummel hatte sich durch den Biß eines jungen Wildschweines eine schwere Blutvergiftung zugezogen. Er wie auch Bergman waren körperlich sehr mitgenommen und reisten deshalb auf dem Wege durch Rußland heim. Der Gouverneur Sheng Shi Tsai untersagte nun der Wegebauexpedition jede weitere Tätigkeit. Hedin mußte sich zur Rückkehr nach Peking entschließen. Und so verließen die Reste der Expedition — zwei Lastwagen und die Limousine, nachdem die beiden anderen Wagen als unreparierbar aufgegeben werden mußten — am 21. Oktober 1934, dem Jahrestag des Aufbruches von Peking, die „fürchterliche Stadt" Urumtschi — nicht, um nach Peking zu fahren, sondern entgegen den Befehlen des Gouverneurs zum Lop-nor und zur Oase Altimisch-bulak, womit das letzte noch unbekannte Gebiet erschlossen werden würde.

Während Georg Söderbom mit einem der beiden Lastwagen in Anhsi blieb, machten sich Hedin und die chinesischen Herren mit dem letzten und der Limousine auf den Weg durch die öden Steppen Nordkansus nach der Oase Tun-hwang. Doch was für ein Weg war das! Büschelgrassteppen, Flugsanddünen, lähmende Schneestürme... Immer wieder fuhren die Wagen sich fest. Tiefe, verschlungene Täler in den Vorbergen des Puschan; hohe, kaum passierbare Pässe ... Gab es denn überhaupt einen Weg zum Lop-nor? In einem breiten, einsamen Tal glaubte Hedin eine alte vergessene Heerstraße zu erkennen, die nach dem einstigen Lou-lan geführt haben mochte. Man folgte ihr siegesgewiß, doch nach 130 Kilometern endete sie in einer unpassierbaren Dünenregion, der Gaschun-Gobi. Nichts anderes blieb übrig, man mußte zurück. Ein zweiter Vorstoß vom Lo-to-ching aus, dem „Kamelbrunnen", endete ebenfalls ergebnislos. Obendrein wurde es nun sehr kalt. Man erreichte zwar den Rand des ehemaligen Puchangmeeres, aber wiederum gebot die Natur des Landes den Fahrzeugen ein unwiderrufliches Halt.

Schweren Herzens gab Hedin den Befehl zur Heimreise. Am 13. Dezember wurde die Seidenstraße erreicht, am folgenden Tage Anhsi. Dann ging es über Lan-tschou nach Hsian und von hier per Bahn nach Nanking, wo Hedin am 19. Februar 1935 seinen 70. Geburtstag feierte. Die letzte große Reise durch Innerasien lag hinter ihm. An die 8.000 Kilometer waren im Wagen zurückgelegt worden, alle Aufgaben vortrefflich gelöst. Ein Forscherleben hatte seine Erfüllung gefunden, aber noch war die Ernte einzubringen, waren die Ergebnisse der Arbeit so vieler mühevoller Jahre der Allgemeinheit nutzbar zu machen. Noch durfte Sven Hedin nicht ruhen.

Aber sein Werk lebt

Überblickt man aus heutiger Sicht Leben und Werk dieses höchst außergewöhnlichen Mannes, so will es einem um die Zukunft bange werden. Wo auf Erden fände sich noch ein so weites Feld für den wagenden Forschergeist — wo ein Mensch, der alle die Eigenschaften in sich vereinigt, die Sven Hedin auszeichneten — wo auch ein Land, eine Umwelt, ein geistiger Nährboden, wo ein solcher Charakter sich zu bilden vermöchte? Und weiterhin fragt man sich: Hat er nicht, wenn auch unwillentlich, entgegen den eigenen Wünschen und Einsichten, mit dazu beigetragen, daß Welt und Menschheit sich wandelten — jenen zivilisationsflüchtigen Waldläufern und Pionieren gleich, die mutig in die unberührte Wildnis der Neuen Welt vordrangen, weil ihnen das laute rohe Wesen der Städte nicht gefiel — wie Cooper seinen Lederstrumpf sagen läßt —, damit aber die Pfade fanden und traten, auf denen ihnen die Zivilisation nur zu bald folgte, um alles zu zerstören, was ihnen lieb und teuer war?

Hedin war dieser Zwiespalt seiner Existenz gar wohl bewußt. Er rettete sich in den Glauben, daß Kultur und Wissenschaft des Abendlandes eine feste Wehr seien gegen die immer höher auflaufende Flut materialistischen Denkens, vorgeblich „rationalen" Verhaltens, gegen die wachsende Barbarei einer auf technischer Perfektion und rücksichtslosem Profitdenken beruhenden Zivilisation. Seine Liebe gehörte der Heimat, dem alten naturnahen Bauernland Schweden, seine Bewunderung solchen Menschen, die durch Mut, Tatkraft, Wissen, vor allem aber durch den Adel ihres Charakters über die Masse hinausragten; sie nahm er sich zum Vorbild, an sie hielt er sich. Dies wurde ihm von Neidern als sträflicher Snobismus ausgelegt. Daß er nicht aus Hochmut oder Eigensucht Freunde unter den Großen der Welt suchte und fand, erhellt die Tatsache, daß er sich in dem Augenblick gegen sie kehrte, wo sie durch ihr Tun sein sehr empfindliches Gefühl für Wahrheit und Recht verletzten. Aufs schärfste verurteilte er den Marsch Younghusbands nach Lhasa, die Verfolgung der Armenier durch Sultan Hamid, die gewaltsame Intervention der Großmächte beim Boxeraufstand in China und nicht zuletzt das Kesseltreiben der Entente gegen Deutschland. Religiöse Heuchelei, politische Verlogenheit, der Mangel an redlicher Gesinnung, Profitdenken auf Kosten der Menschlichkeit erregten seinen Abscheu zutiefst — so sehr, daß er Ruhm und wohlerworbenes Ansehen als Gelehrter unbedenklich aufs Spiel setzte, um für die Deutschen — das „Brudervolk" — in zwei Weltkriegen einzutreten. Was ihm — bei aller Scharfsicht — doch ganz offenbar entging, war der Umstand, daß die Heraufkunft der neuen Barbarei nicht, so wie frühere Entwicklungen, durch nationale Grenzen eingeschränkt war, sondern an Schichten gebunden, die über alle Grenzen hinweg durch die Völker und Staaten gehen. In herkömmlicher Weise spricht er noch von den „barbarischen Russen", den „lügnerischen Engländern", den „korrupten Chinesen", den „redlichen Deutschen", obwohl er ja selbst unter allen Nationen Barbaren, Lügner, korrupte Existenzen sowohl als auch Ehrenmänner angetroffen hat.

Als er 1935 von seiner letzten Asienreise in sein Stockholmer Heim, Norr Mälarstrand 66, zurückgekehrt war, hatte sich im niedergetretenen, ausgeplünderten Deutschland mit der Machtergreifung der Nationalsozialisten eine neue Entwicklung angebahnt, von der sich noch nicht sagen ließ, wohin sie führen werde. Er ahnte indes voraus, daß das alte Unrecht neues, noch schrecklicheres zur Folge haben werde. Und wieder sah er im erstarkenden Deutschen Reich ein letztes Bollwerk gegen die Auflösung und Zerstörung der westlichen Welt. So, wie ein anderer großer Mann des Nordens — Knut Hamsun — trat er auf die Seite des deutschen Volkes in der Stunde äußerster Not — nicht, weil er in Politik und Weltanschauung mit dessen Führern übereinstimmte, sondern weil er mit ihm das Geschick einer versinkenden Welt und Epoche — seiner Welt und seiner Epoche — unlösbar verbunden wußte, nicht zuletzt auch, weil er um Schwedens Zukunft bangte. Die Entscheidung Franklin Delano Roosevelts, die Vereinigten Staaten in den Zweiten Weltkrieg zu führen, nannte er „Verrat an Europa, an der Demokratie"; und er schrieb 1943 in einem seiner letzten Bücher (37): „Die Frage, warum es zum neuen Weltkrieg kam, ist nicht nur damit zu beantworten, daß die Grundlage in den Friedensverträgen von 1919 gelegt wurde, oder in der Niederhaltung

Deutschlands und seiner Verbündeten nach dem Ersten Weltkrieg, oder in der Fortsetzung der uralten Politik Großbritanniens und Frankreichs. Der entscheidende Anstoß kam von jenseits des Ozeans."

Danach hörte man bis zu seinem Tode am 26. November 1952 nur mehr wenig von Sven Hedin. Die Nachkriegswelt mit ihren neuen kalten und heißen Kriegen, ihren Umstürzen, Wirtschaftskrisen, Korruptionsaffären, Geiselmorden, dem Ausverkauf aller geistigen und ethischen Werte und der restlosen Ausplünderung und technischen Verwüstung unseres Planeten vollauf beschäftigt, trachtete den unbequemen Mahner zu vergessen.

Aber noch stehen die majestätischen Gipfel des Transhimalaja, die seinen Namen tragen, noch liest so mancher junge Mensch auf der Suche nach Mannhaftigkeit und sinnvoller Tat seine Bücher, noch blieb die Frage offen, ob nicht kommende Generationen vor ähnliche oder gar schwerere Bewährungsproben gestellt werden, wenn es gilt, unter härtesten Bedingungen zu überleben und aus den Resten einstigen, leichtfertig verschleuderten Reichtums eine neue Existenz aufzubauen?

Zeittafel

1865	19. Februar Sven Hedin zu Stockholm geboren.
1885	Abitur an der Beskow-Schule in Stockholm.
1885—1886	Erste Reise durch Rußland, Persien, Mesopotamien.
1886—1890	Geologie- und Geographiestudium in Uppsala und Berlin.
1890—1891	Gesandtschaft nach Teheran; Rückreise über Meschhed, Samarkand, Kaschgar und durch Rußland.
1892	9. August, erster Besuch bei Brockhaus in Leipzig.
1892—1893	Abschluß der Studien bei von Richthofen in Berlin und A. Kirchhoff in Halle/Saale ... Doktor der Philosophie.
1893—1897	Erste große Forschungsreise nach Zentralasien: Pamirgebiet, Takla-makan, Lop-nor, Nordtibet.
1898	VEGA-Medaille der Geographischen Gesellschaft in Stockholm.
1899—1902	Zweite Forschungsreise: Tarimbecken, Lop-nor, Entdeckung von Lou-lan, gescheiterter Vorstoß nach Lhasa.
1905—1908	Dritte Forschungsreise: Nordtibet, Schigatse, Erforschung der Quellen des Brahmaputra, Sutlej und Indus, Entdeckung des Transhimalaja.
1909	Vortragsreisen in Europa.
1914	Als Kriegsberichter an der deutschen Westfront.
1915	Als Kriegsberichter an der deutschen Ostfront.
1916	Studienreise durch Vorderasien über Bagdad, Babylon, Ninive, Jerusalem und zur Suezfront.
1917—1922	Arbeiten und Vorträge in Europa.
1923	Weltreise durch Amerika, Japan, China und Rußland.
1924	Vortragsreisen in Europa.
1927—1934	Die Große Expedition mit chinesischen, schwedischen und deutschen Fachgelehrten in Innerasien.
1934—1935	Chinesische Wegebauexpedition, 8.000 Kilometer auf der Seidenstraße. Endgültige Lösung des Lop-nor-Problems.
1952	26. November, Tod Sven Hedins in Stockholm.

Quellenverzeichnis

1. Sven Hedin:	Mein Leben als Zeichner, Wiesbaden 1965
2. " "	Große Männer, denen ich begegnete, Wiesbaden 1951
3. " "	Durch Asiens Wüsten I/II., Leipzig 1922
4. " "	Geographische Ergebnisse meiner Reisen in Zentralasien, 1900
5. " "	Im Herzen von Asien I/II., Leipzig 1903
6. " "	Scientific results of a journey in Central Asia I/VI. sowie Atlas I/II., 1904—1908
7. " "	Southern Tibet I/IX.; Atlas I/III., 1917—1922
8. " "	Transhimalaja I/III., Leipzig 1912
9. " "	Ein Warnungsruf, 1912
10. " "	Zu Land nach Indien, Leipzig 1910
11. " "	Von Pol zu Pol I/III., 1911—1912; 1943
12. " "	Ein Volk in Waffen (Westfront), Leipzig 1915
13. " "	Nach Osten (Ostfront), Leipzig 1916
14. " "	Bagdad — Babylon — Ninive, Leipzig 1918
15. " "	Jerusalem, Leipzig 1918
16. " "	Der 9. November, Leipzig 1921
17. " "	Tsangpo Lamas Wallfahrt I/II., Roman, Leipzig 1922/23
18. " "	Meine erste Reise (Persien, Mesopotamien 1886), Leipzig 1922
19. " "	General Prschewalskij in Innerasien, Leipzig 1922
20. " "	An der Schwelle Innerasiens, Leipzig 1923
21. " "	Verwehte Spuren, 1923
22. " "	Mount Everest, 1923
23. " "	Von Peking nach Moskau, Leipzig 1924
24. " "	Mein Leben als Entdecker, Leipzig 1928
25. " "	Gran Cañon, Leipzig 1926
26. " "	Ossendowski und die Wahrheit, 1925
27. " "	Auf großer Fahrt, Leipzig 1929
28. " "	Rätsel der Gobi, Leipzig 1931
29. " "	Jehol, die Kaiserstadt, Leipzig 1932
30. " "	Die Flucht des Großen Pferdes, Leipzig 1935
31. " "	Die Seidenstraße, Leipzig 1931
32. " "	Der wandernde See, Leipzig 1937
33. " "	Reports from the scientific expedition to the Northwestern provinces of China under the Leadership of Dr. Sven Hedin. The Sino-Swedish Expedition I/50, Stockholm seit 1936
34. " "	Fünfzig Jahre Deutschland, Leipzig 1938
35. " "	Abenteuer in Tibet, Leipzig 1920
36. " "	Eroberungszüge in Tibet, 1940
37. " "	Amerika im Kampf der Kontinente, Leipzig 1943
38. Alma Hedin:	Mein Bruder Sven, Leipzig 1925
39. Sven Hedin und	Albert Brockhaus, Briefe, Leipzig 1942
40. — —	Reisen mit Sven Hedin, Wiesbaden 1967
41. R. E. Huc:	Wanderungen durch die Mongolei nach Tibet, Leipzig 1855; Stuttgart 1966
42. B. C. Olschak:	Tibet — Erde der Götter, Zürich 1960

Personen- und Sachregister

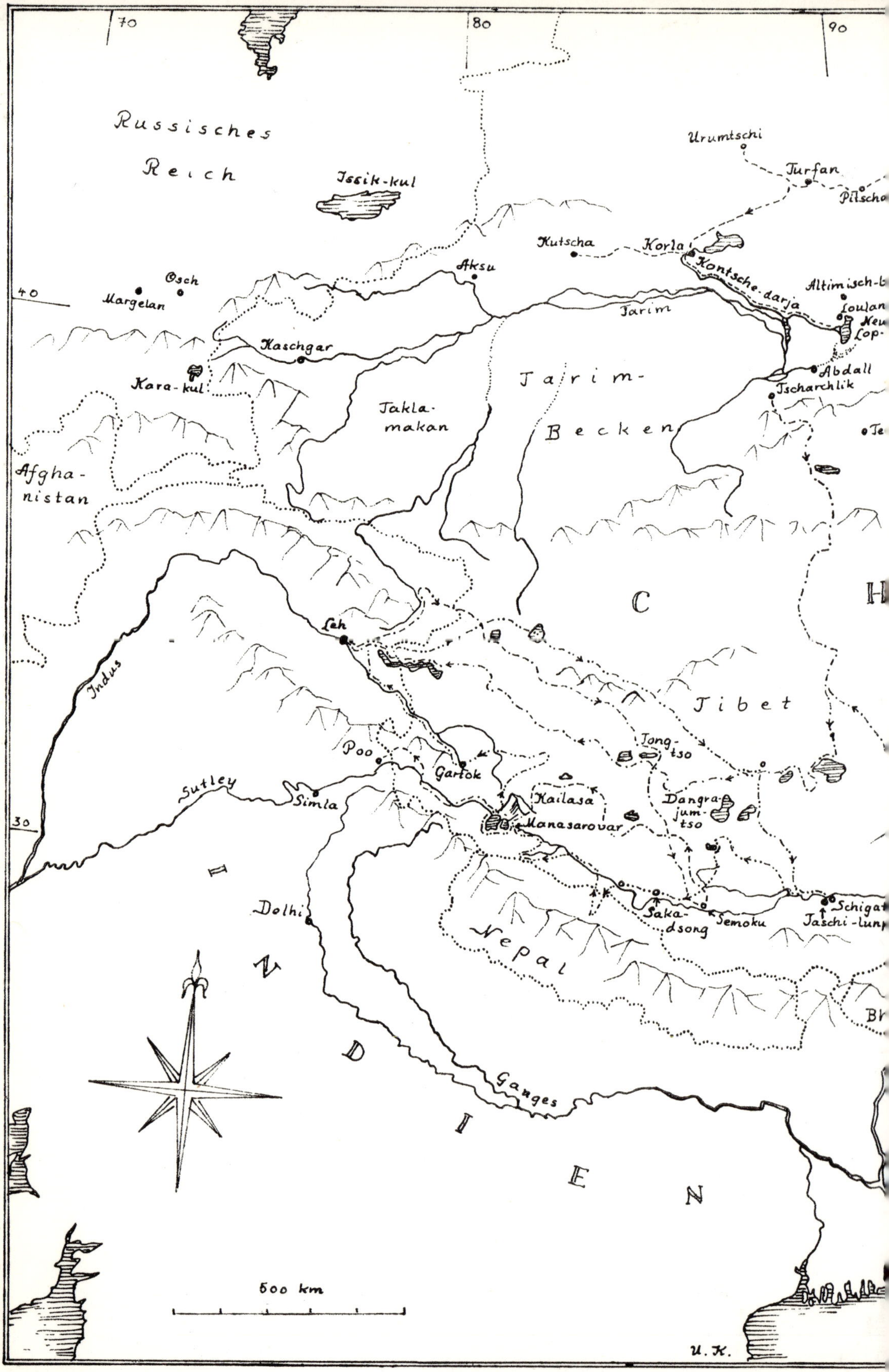

70
80
90
40
30
Russisches
Reich
Issik-kul
Urumtschi
Turfan
Pitscha
Kutscha
Korla
Aksu
Kontsche-darja
Altimisch-b
Osch
Margelan
Jarim
Loulan
Neu
Lop-
Kaschgar
Abdall
Kara-kul
Jarim-
Tscharchlik
Takla-
makan
Becken
Afgha-
nistan
C
Leh
Indus
Jibet
Tong-
tso
Poo
Gartok
Sutley
Simla
Kailasa
Dangra-
jum-
tso
Manasarovar
I
Dolhi
Saka-
dsong
Semoku
Schigat
Jaschi-lun
N
Nepal
D
Ganges
I
E
N
500 km
U. K.